Einfach **Töpfern**

Einfach
Töpfern

Einführung in die Grundtechniken
25 Werkstücke Schritt für Schritt

SARA PEARCH
Text von Geraldine Christy
Fotos von John Melville
aus dem Englischen von Vera Bauer

Verlag Eugen Ulmer

Für Steven, Thomas und Alexandra

Die Deutsche Bibliothek – CIP-Einheitsaufnahme

Einfach Töpfern : Einführung in die Grundtechniken ; 25 Werkstücke Schritt für Schritt / Sara Pearch.
Text von Geraldine Christy. Fotos von John Melville.
- Stuttgart (Hohenheim) : Ulmer, 1999
Einheitssacht.: Simply pottery <dt.>
ISBN 3-8001-7817-6

Anmerkung des Verlages

Befolgen Sie stets genau die Anleitungen und Sicherheitsmaßnahmen in diesem Buch. Bezüglich der hier aufgeführten Techniken und Methoden werden alle Informationen und Ratschläge als korrekt betrachtet. Dennoch haften weder der Autor, noch der Inhaber des Copyrights, noch der Herausgeber für ihre Richtigkeit.

Deutsche Ausgabe
© 1999 Eugen Ulmer GmbH & Co.
Wollgrasweg 41, 70599 Stuttgart (Hohenheim)
Lektorat: Dr. Angelika Eckhard, Birgit Schüller
Herstellung: Silke Reuter
Printed in China

Inhalt

Einleitung

Ton ist ein herrliches Arbeitsmaterial und das Töpfern ein Handwerk, bei dem man wirklich ganz und gar mit den Händen arbeitet. Die Keramikkunst bietet etwas für jedermann, unabhängig von Alter und Geschick, vom Kind bis zum Erwachsenen, vom Anfänger bis hin zum professionellen Kunsthandwerker. Sie erfordert Kreativität vom ersten bis zum letzten Schritt. Es gilt, Materialien auszuwählen und vorzubereiten, zu formen, zu dekorieren, zu bemalen und zu glasieren.

Das vorliegende Buch führt Sie in die Grundtechniken der Töpferkunst ein. Es zeigt viele verschiedene Dekorationsmöglichkeiten und erklärt Ihnen alles über das Brennen und Glasieren von Ton. Das Buch bietet eine große Auswahl an Töpferprojekten, die einfach Spaß machen sollen, und stellt Ihnen zugleich Ideen vor, die Sie in Ihre eigenen Kreationen einbringen können.

Das Töpfern fördert aber auch die Entwicklung eines guten Augenmaßes. Beobachten Sie genau die Formen, während das Gefäß größer wird. Prüfen Sie, ob das Muster symmetrisch ist und planen Sie Dekoration und Farben, um die Formen zu betonen. Andere Projekte sind sogar akustisch interessant wie beispielsweise das bunte Windspiel, verbreiten herrliche Düfte wie die Parfümkugel oder dienen dem leiblichen Wohl wie der Servierteller, der Krug oder die Tassen, mit denen Speisen und Getränke noch einmal so gut schmecken.

Für Kinder eignen sich vor allem die kleineren Arbeiten wie Mobiles, Baumschmuck oder die Okarina-Flöte. Erwachsene können entsprechend ihrem künstlerischen Talent zwischen einfachen Geschenkkästchen, Knöpfen und Perlen bis hin zu den auf der Scheibe gedrehten Tellern und Krügen wählen.

Bevor es nun wirklich losgeht, beachten Sie bitte unbedingt unsere Sicherheitstips. Lassen Sie sich davon aber keinesfalls abschrecken – die Hinweise sollen lediglich sicherstellen, dass Sie das Töpfern voll genießen können. Zusätzlich finden Sie in vielen Fachgeschäften wertvolle Ratschläge zu allen Aspekten der Keramikkunst.

Wichtige Tips zu Ihrer Sicherheit

Denken Sie beim Töpfern stets daran, dass Sie mit gefährlichen Substanzen arbeiten. Daher müssen Sie jederzeit die entsprechenden Sicherheitsmaßnahmen beachten.
Tonstaub kann schädlich sein, wenn er eingeatmet wird. Beim Reinigen des Arbeitsbereiches sollten Sie deshalb die Flächen zunächst anfeuchten, um das Einatmen des Staubes zu vermeiden. Tragen Sie im Zweifelsfall lieber eine Schutzmaske.
Diese ist in jedem Fall notwendig, wenn Sie mit Glasuren und trockenen Substanzen arbeiten, d.h. wenn Sie Glasuren und Schlicker anmischen, oder wenn Sie mit Glasurmaterialien hantieren. Bei Bedarf sollten Sie zusätzlich Gummihandschuhe tragen.
Chemikalien können giftige Substanzen enthalten, die durch die Haut in den Körper gelangen oder in Form von winzigen Teilchen oder Dämpfen eingeatmet werden können. Lesen Sie stets die Gebrauchsanleitung auf der Verpackung. Im Arbeitsbereich darf niemals gegessen oder getrunken werden.
Bewahren Sie gefährliche Materialien und Werkzeuge an einem sicheren Ort auf, am besten in fest verschlossenen Behältern außerhalb der Reichweite von Kindern und Tieren. Lassen Sie Kinder in der Nähe der Töpfermaterialien oder -werkzeuge auch niemals unbeaufsichtigt. Achten Sie beim Brennen des Tons auf eine ausreichende Belüftung, damit die Dämpfe entweichen können.
Und vergessen Sie nie, dass Brennöfen extrem heiß werden!

Material & Ausrüstung

Der Anfang ist beim Töpfern immer ganz leicht. Alles, was Sie wirklich brauchen, sind etwas Ton und einige wenige einfache Werkzeuge. Im folgenden Kapitel wird erläutert, welche Grundausrüstung Sie unbedingt benötigen und welche Töpferwerkzeuge geeignet sind. Oftmals können Sie diese jedoch durch einfache Haushaltsgegenstände ersetzen, sodass keine zusätzlichen Kosten entstehen.

Wählen Sie einen Ton, der für die geplante Arbeit geeignet ist – Ihr Fachgeschäft wird Ihnen hier sicher helfen – und bereiten Sie ihn gut vor, bevor Sie mit dem Töpfern beginnen. Vor allem aus Sicherheitsgründen sollten Sie eine Arbeitsfläche wählen, die Sie durchaus auch einmal unbeaufsichtigt lassen können. Dort „ruhen" die Tongefäße zwischen den einzelnen Arbeitsschritten ungestört.

Werkzeuge

Blättert man durch einen Katalog für Keramikbedarf, so findet man eine ganze Palette von Werkzeugen und Zubehör für den Hobbytöpfer. Der Handel bietet Spezialwerkzeuge für jedes Stadium der Töpferarbeit. Vieles lässt sich jedoch auch ganz einfach improvisieren.

Wenn Sie sich durch die einzelnen Projekte dieses Buches durcharbeiten, werden Sie schnell feststellen, dass in der Regel nur ganz wenige Grundwerkzeuge gebraucht werden. Bevor Sie also voreilig ein bestimmtes Werkzeug kaufen, sollten Sie zunächst in Ihre Küche oder Werkzeugkiste schauen – oft finden Sie bereits dort das eine oder andere Stück, welches denselben Zweck erfüllt. Blättern Sie einfach einmal durch die Kataloge, sobald Sie genauer wissen, was Sie nach unserem einleitenden Grundkurs töpfern wollen.

Für das Töpfern ohne Scheibe benötigen Sie ein scharfes Messer zum Zuschneiden der Tonwülste oder -platten, Schaber aus Gummi (Gumminiere) und Metall zum Glätten des Tons (ein Teigschaber oder eine alte Telefonkarte tun es auch), einige Modellierwerkzeuge aus Holz oder Stahl (oder auch einfache Holzstücke und Küchenutensilien), Holzleisten, Ton- und Holzschablonen, einen Lochschneider und einen Schwamm zum Säubern.

Zum Ausrollen von Tonplatten werden ein Stück Leinen- oder Baumwollstoff (Bettlaken), Holzleisten, Ton- und Holzschablonen und ein Tonroller (Nudelholz) benötigt. Kreisrunde Scheiben schneiden Sie am besten auf einer Ränderscheibe.

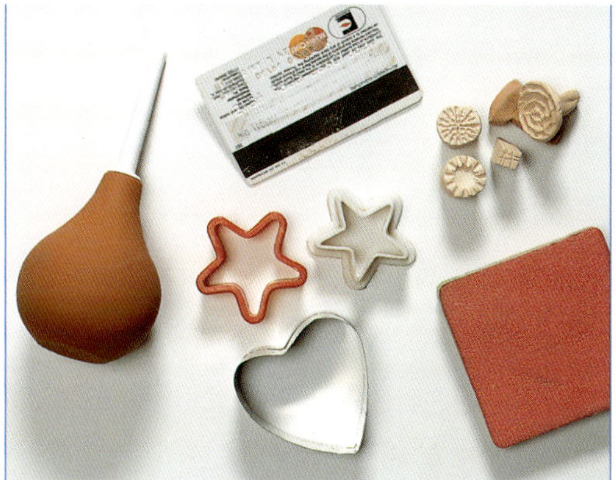

Nützliche Werkzeuge sind Plätzchenformen zum Dekorieren, Malhörnchen zum Bemalen mit Engobe, Schwämme zum Aufdrucken von Farbe, eine alte Telefonkarte zum Einritzen von Dekoren und verschiedene Stempel aus Holz oder Ton.

Beim Anmischen von Glasuren ist die Sicherheit oberstes Gebot. Tragen Sie eine Schutzmaske, um das Einatmen giftiger Dämpfe zu vermeiden, sowie einen gut waschbaren Arbeitsanzug oder eine Schürze.

Mit einer Plastiksprühflasche können Sie den Ton befeuchten, wenn dieser während des Töpferns zu sehr austrocknet.

Mit einer Auswahl verschiedener Modellierschlingen, Abdreheisen und anderer Töpferwerkzeuge können Sie den Ton auf der Scheibe formen. Mit der Zeit lernen Sie, diese richtig einzusetzen. Für den Anfänger genügen bereits ein oder zwei Modellierschlingen.

(unten) Formen Sie den Ton auf der Scheibe mit verschiedenen Modellierhölzern. Bauchige Gefäße können mit Modellierhaken ausgeweitet werden. Auch Abdrehwerkzeuge aus Bambus oder Holz sowie strukturierte Holzstücke sind für bestimmte Zwecke sehr praktisch.

(oben) Beim Drehen auf der Scheibe brauchen Sie einen kleinen Naturschwamm zum Reinigen von Scheibe und Werkzeugen (und zum Entfernen unerwünschter Glasur oder Farbe) sowie ein Polierleder zum Abrunden der Gefäßränder. Ein Stück Schwamm am Stock eignet sich sehr gut zum Aufsaugen von Wasser aus einem tiefen Gefäß oder zum Auftupfen von Engobe. Mit einer spitzen Nadel können Sie den Gefäßrand gerade abtrennen, mit einem Schneidedraht den Ton schneiden und den Gefäßboden von der Scheibe lösen. Mit Greifzirkeln erhalten Sie die genauen Innen- und Außenmaße des Tongefäßes.

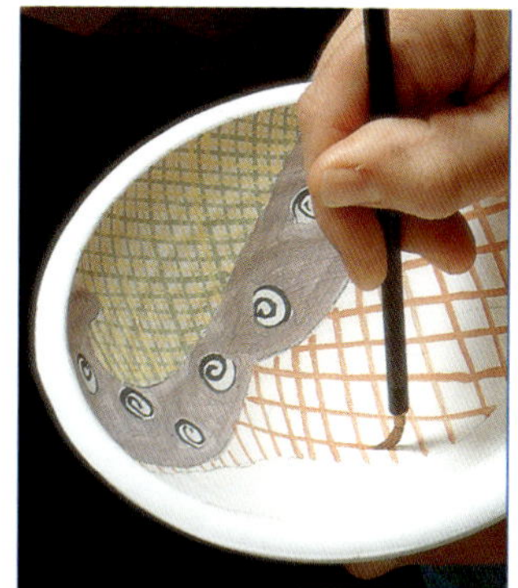

(rechts) Eine Auswahl verschiedener Mal- und Glasurpinsel benötigen Sie zum Dekorieren und Glasieren.

CERAMICS
STUDIO POTTER BOOK
Keramik
CAR

Arbeitsplatz und Zubehör

Zum Töpfern brauchen Sie schon etwas Platz. Am besten ist es also, wenn Sie sich eine ständige Arbeitsecke oder sogar eine eigene Töpferwerkstatt einrichten können, denn die Werkstücke müssen zwischen den einzelnen Arbeitsschritten immer wieder trocknen. In jedem Fall sollten geeignete Regalflächen vorhanden sein, auf denen die Stücke sicher gelagert werden können.

Weiteres Zubehör

Wer ernsthaft in das Töpferhandwerk einsteigen möchte, benötigt auch einige größere Zubehörteile. So werden beispielsweise zum Anmischen von eigenen Glasuren diverse Eimer gebraucht, in welche die Glasurmasse während des mehrmaligen Durchsiebens umgefüllt werden kann. Zu diesem Zweck benötigen Sie auch eine Auswahl an feinen und gröberen Sieben, z.B. für transparente Glasuren eine Maschenzahl von etwa 1 000 Maschen/cm^2, das entspricht der Siebnummer 80. Übliche Siebnummern sind auch 60, 100 und 120.

Auch eine verlässliche Waage ist für das Auswiegen von Ton und zur exakten Einhaltung von Glasurrezepten notwendig. Trockene Zutaten können Sie auch in Schöpfkellen ausmessen. Bewahren Sie Glasurmischungen und Engoben stets in gekennzeichneten Behältern auf.

Zum Ausschneiden von Formen fertigen Sie vorher Schablonen aus Pappe. Schneiden Sie den Ton mit einem scharfen Messer.

Viele Hobbytöpfer möchten am liebsten auf der eigenen Scheibe töpfern. Die einfachsten Töpferscheiben werden mit einem Fußpedal gedreht, doch es werden im Handel auch relativ preiswerte Scheiben mit Motorantrieb angeboten. Professionelle Keramiker bevorzugen fast immer elektrische Töpferscheiben. Zum Töpfern größerer Gegenstände wie etwa Teller benötigen Sie einige runde Holzplatten, die mit Ton oder speziellen Stiften auf der Töpferscheibe befestigt werden. Damit lassen sich selbst große und schwere Werkstücke ganz einfach von der Scheibe lösen.

Wichtig sind auch einige luftdicht verschließbare Vorratsdosen, in denen Sie den Ton feucht aufbewahren können. Wenn Sie Tongefäße für eine spätere Bearbeitung feucht halten wollen, ist auch eine feuchte Kiste oder ein feuchter Schrank sinnvoll. Eine solche „Frischhaltebox" können Sie selbst herstellen, indem Sie einen geeigneten Behälter innen mit Wasser besprühen.

Arbeitsplatz

Ebene Holzflächen eignen sich ideal zum Ausrollen von Tonwülsten, Marmorplatten noch besser zum Kneten und Bearbeiten von Ton. Achten Sie darauf, dass die Arbeitsfläche groß genug ist und reinigen Sie diese, wann immer es nötig wird. Alte getrocknete Tonstückchen könnten sonst schnell an frischen Werkstücken festkleben und diese verunstalten.
Versuchen Sie, die Arbeitsfläche sauber zu halten und legen Sie die Werkzeuge stets am selben Ort ab.
Wichtig ist auch eine gute Beleuchtung. Natürliches Tageslicht ist immer am besten. Doch auch wenn Sie bei elektrischem Licht arbeiten, sollten Sie auf gute Lichtverhältnisse achten.

Der richtige **Ton**

Ton ist eigentlich einfach Erde von bestimmter Zusammensetzung. Damit ist er ein echtes Naturprodukt, welches in den meisten Menschen kreative Phantasien weckt.

Ton ist eines der ältesten Werkstoffe des Menschen und besteht aus verwittertem Gestein. Geologen unterscheiden zwei Gruppen von Ton. Die erste Gruppe, die Primärtone, entstehen aus Felsen, die an ihrem Entstehungsort lagern. Die zweite Gruppe, die Sediment- oder Sekundärtone, entstehen dagegen aus Gesteinen, die durch die Elemente von ihrem Entstehungsort forttransportiert werden und sich an einem anderen Ort als Sedimentschichten absetzen.

Sekundärtone sind zum Töpfern besonders gut geeignet, weil sie eine sehr lockere und feine Konsistenz haben und dadurch gut zu verarbeiten sind. Während ihres natürlichen Transportes haben sie verschiedene Mineralien aufgenommen, welche ihre Färbung und Eigenschaften beeinflussen. Primärtone werden gelegentlich zugesetzt, um eine spezielle Eigenschaft für die Keramikherstellung zu erzielen.

Der Handel bietet eine große Auswahl verschiedener Töpfertone. Welcher Ton sich am besten eignet, hängt zum Teil davon ab, was Sie töpfern wollen und welchen Brennofen Sie verwenden, da jeder Ton eine andere Brenntemperatur erfordert. Wenn Sie bei der Auswahl unsicher sind, wird Sie Ihr Fachhändler sicher gern beraten.

Die vier wichtigsten Tonsorten sind Irdenware, Steinzeugton, Porzellanton und Raku-Ton. Sie alle sind jeweils in verschiedenen Färbungen erhältlich, meist in rot, weiß, braun und grau. In diesem Buch wird nur mit weißer Irdenware gearbeitet.

Irdenware ist ein sehr vielseitiger und daher vielleicht der Töpferton, der in allen Zivilisationen seit Menschen Gedenken am häufigsten benutzt wurde. Er eignet sich zum Drehen wie auch zum freien Formen ohne Scheibe. Der Schrühbrand erfolgt bei 1 000 °C, der Glasurbrand bei 1 040 bis 1 160 °C.

Steinzeugton ist ein schwererer, etwas rauerer Ton. Er wird, beschichtet mit farbigen Glasuren, häufig für Haushaltsgeschirr verwendet. Der Schrühbrand erfolgt bei 1 000 °C, der Glasurbrand bei 1 200 bis 1 300 °C.

Mit Porzellanton können feinere Gefäße hergestellt werden. Er ist jedoch für den Anfänger relativ schwer zu bearbeiten. Der Schrühbrand erfolgt bei 1 000 °C, der Glasurbrand bei 1 240 bis 1 300 °C.

Raku-Ton ist ein grober Ton mit einem hohen Anteil an Schamotte (gebrannte Tonpartikel). Er wird bei niedrigerer Temperatur gebrannt als andere Tone. Raku-Ton kann sogar mehrmals gebrannt werden, wodurch mit Oxidglasuren interessante metallische Glanzeffekte erzielt werden. Beim Schrühbrand werden 900 °C, beim Glasurbrand 800 bis 1 000 °C benötigt.

Einige Tone, die für den Anfänger geeignet sind (von oben im Uhrzeigersinn): Raku-Ton, roter Irdenwarenton, weißer Irdenwarenton, brauner Steinzeugton, weißer Steinzeugton, Porzellanton.

Vorbereiten des **Tons**

Bevor Sie mit einem Tonklumpen arbeiten, müssen Sie ihn richtig vorbereiten. Der Ton muss glatt und geschmeidig sein und darf keine Schamotteklümpchen oder Luftblasen enthalten, welche den Ton im Brennofen sprengen und so das Werkstück ruinieren könnten. Manchmal muss der Ton durch Zugabe von Wasser etwas feuchter und weicher gemacht werden.

Ton wird in ähnlicher Weise durchgeknetet wie ein Brotteig. Wollen Sie verschiedene Tonklumpen miteinander vermischen, beispielsweise einen alten Tonrest (er muss noch geschmeidig sein) mit einer größeren Menge frischen Tons, können Sie den Tonrest in kleinen Stücken einarbeiten. Das ist anfangs nicht ganz leicht, denn ein großer ungekneteter Tonklumpen aus mehreren Stücken fühlt sich zunächst ziemlich schwer und unhandlich an, bevor er weicher wird. Aber Sie werden die richtige Technik sicher bald lernen. Sind Sie beim Kneten des Tonklumpens angelangt (Punkte 3 und 4), lohnt es, diesen Klumpen kräftig auf eine Tischkante zu schlagen, dabei zu teilen und diesen Vorgang mehrfach zu wiederholen.

Sobald Sie mit der Konsistenz des Tons zufrieden und sicher sind, dass er keine Luftblasen mehr enthält, können Sie ihn in einem luftdichten Behälter bis zur Verarbeitung feucht aufbewahren. Wenn Sie den Ton auf der Scheibe drehen wollen, muss dieser vorher zu handlichen Kugeln gerollt werden.

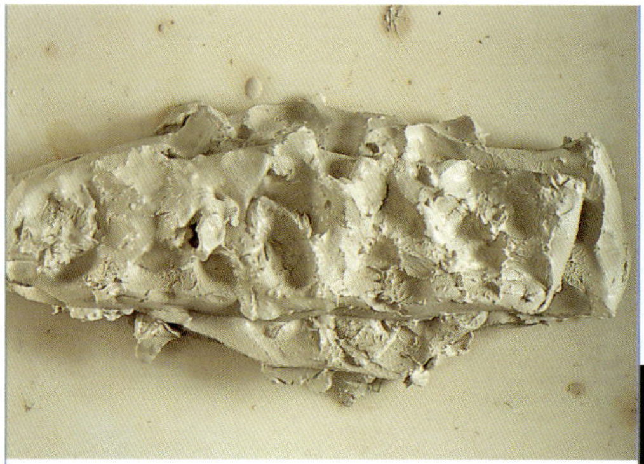

1 Um den Ton weicher zu machen, drücken Sie Wasser (besser Tonschlicker) mit Ihren Fingerknöcheln in den Ton ein. Ziel ist ein geschmeidiger, feuchter, aber nicht allzu nasser Ton.

2 Bearbeiten Sie den weichen Ton nun weiter mit den Knöcheln, sodass ein homogener Tonklumpen entsteht.

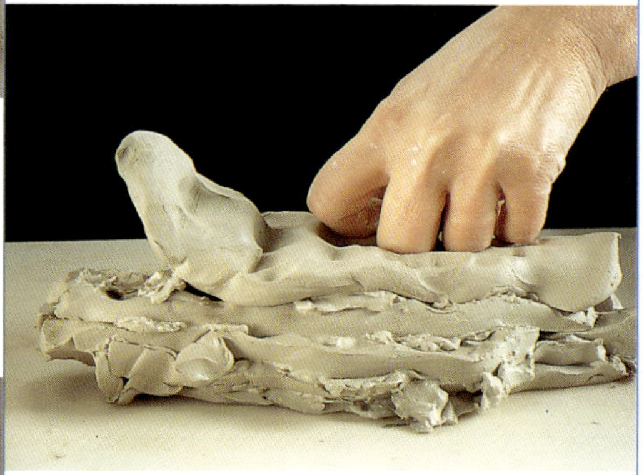

3 Größere Tonklumpen werden zunächst mit einem Draht in Scheiben geschnitten und dann Stück für Stück eingearbeitet. Drücken Sie immer wieder alles kräftig mit den Fingerknöcheln gegen die ebene Unterlage.

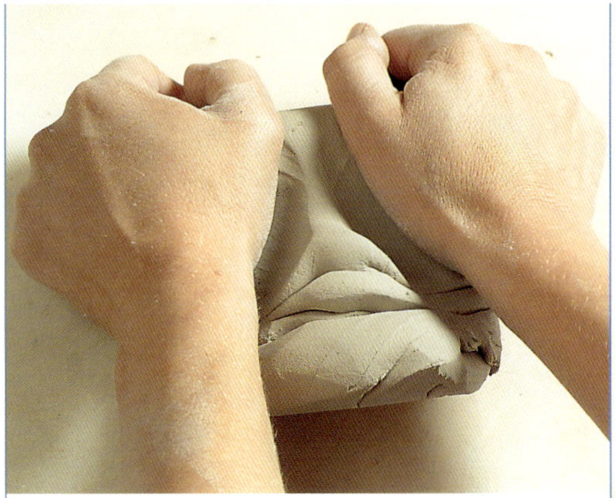

4 Formen Sie aus dem Tonklumpen eine Rolle, bevor Sie ihn durchkneten. Drücken Sie ihn fest mit den Handflächen und falten Sie ihn zusammen. Wiederholen Sie dies mehrmals, bis die Rolle relativ weich und glatt ist.

5 Kneten Sie den Ton wie einen Klumpen Teig. Drücken Sie die Masse mit einer Hand nach unten und ziehen Sie sie dabei mit der anderen Hand seitlich um den Klumpen herum. Wiederholen Sie dies, bis der Ton völlig geschmeidig und glatt ist und alle Luftbläschen herausgepresst sind.

6 Der fertig durchgeknetete Ton sieht etwa so aus.

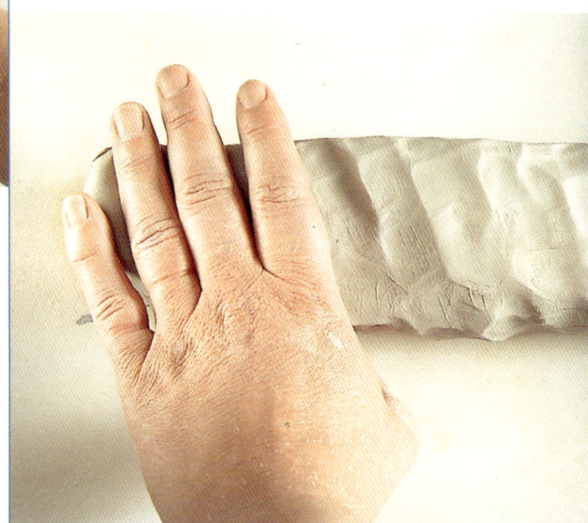

7 Formen Sie eine Rolle und flachen Sie die Oberfläche etwas ab.

8 Halbieren Sie die Rolle nun längs mit dem Schneidedraht, um zu prüfen, ob noch Luftblasen enthalten sind. Schneiden Sie den Ton dann in kleinere Stücke, die Sie zu handlichen Kugeln rollen können. Eventuelle Luftblasen sind durch weiteres Kneten zu entfernen.

9 Wollen Sie mehrere gleich große Gefäße töpfern, wiegen Sie die Tonkugeln vorher ab. Sie können sie dann sofort verarbeiten oder materialgerecht aufbewahren.

Grund techniken

Die wichtigsten Werkzeuge des Töpfers sind seine Hände. Wenn Sie den Ton mit Ihren Fingern drücken, stützen und führen, ist dies echte „Handarbeit". Die uralten Töpfertechniken – das freie Formen aus der Hand und das Aufbauen aus Tonwülsten – helfen Ihnen, ein Gefühl für die Formbarkeit des Materials zu bekommen, sodass Sie schon bald gezielt Ihre eigenen Designs verwirklichen können. Wenn Sie gelernt haben, Tonplatten gleichmäßig auszurollen, die Formen auszuschneiden und richtig zusammenzufügen, können Sie die verschiedensten Gefäße mit festem Boden töpfern. Und wenn Sie es schließlich beherrschen, den Ton auf der Scheibe zu zentrieren und aufzubrechen, können Sie sich bereits selbstbewusst an die schwierigeren gedrehten Keramikgefäße wagen.

Freies **Formen**

Selbst die jüngsten Hobbytöpfer lieben es, kleine Tonkugeln durch Drücken und Kneten zu kleinen Gefäßen auszuhöhlen.

Es scheint eine Art Urinstinkt zu sein, dass man einem Stück Ton, welches man in den Händen fühlt, irgendeine Form geben muss. Dies ist auch der ideale Weg, sich mit den Eigenschaften verschiedener Tonsorten vertraut zu machen. Manche lassen sich leichter bearbeiten als andere, wieder andere zerbrechen oder reißen bereits nach kurzer Zeit. Durch freies Formen aus der Hand lassen sich die verschiedensten Gefäße herstellen.

Die einfachsten Gefäße entstehen, wenn ein Stück Ton zu einer Kugel geformt und der Daumen in das Zentrum gepresst wird. Das entstandene Loch kann durch Pressen des Tons zwischen den Fingern allmählich vergrößert werden.

1 Betten Sie die Tonkugel fest in beide Hände, eine Hand in die andere gelegt. Drücken Sie dann mit dem Daumen ein Loch hinein. Formen Sie den Ton nun mit drehenden Bewegungen in der gewölbten Handfläche.

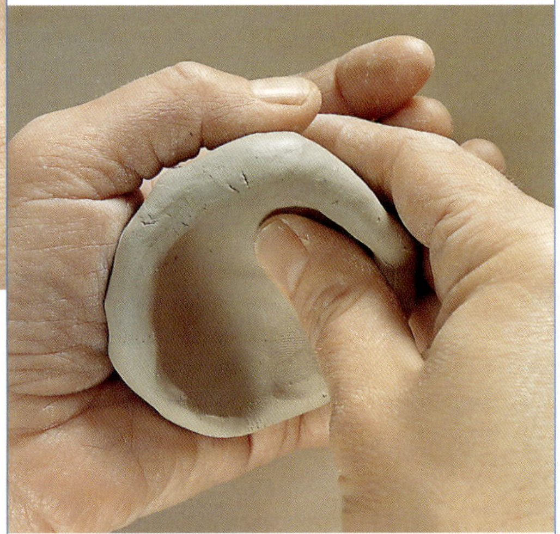

2 Stützen Sie den Ton weiter mit einer gewölbten Handfläche und vergrößern Sie die Öffnung durch Pressen zwischen Daumen und Fingern. Das Gefäß ist fertig, wenn es gleichmäßig geformt ist.

Aufbauen aus **Tonwülsten**

Mithilfe der Technik des Aufbauens aus Tonwülsten können Sie alle möglichen Formen erkunden. Auf diese Weise wurden bereits vor tausenden von Jahren Gefäße hergestellt. So sind beispielsweise von den alten Zivilisationen in Südamerika hochwertige und kunstvolle Gegenstände in dieser Technik gefertigt worden.

Aus Tonwülsten können Sie Tongefäße in beliebiger Größe aufbauen. Wichtig ist nur, dass der Ton die ganze Zeit gut feucht gehalten wird, damit Sie die einzelnen Wülste richtig zusammenfügen und die Fugen verstreichen können. Die einzelnen Wülste sollten möglichst gleichmäßig, etwa so dick wie der kleine Finger, sein. Vergessen Sie nicht, dass der Durchmesser jedes neuen Ringes bestimmt, ob das Gefäß nach oben hin breiter oder schmaler wird.

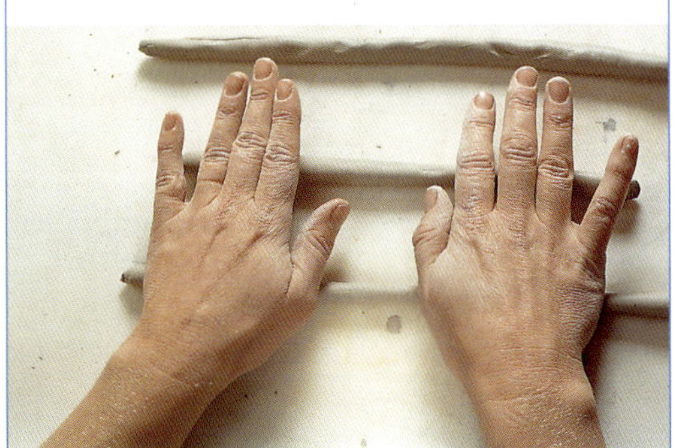

1 Kleine Wülste rollen Sie am besten in den Händen, größere auf dem Tisch. Rollen Sie stets mit den Handballen, sodass ein gleichmäßiger Druck ausgeübt wird. Halten Sie die Hände flach. Rollen Sie den Ton von der Mitte nach außen.

2 Schneiden Sie aus einer gleichmäßig dicken Tonplatte eine kreisrunde Bodenplatte – am besten gelingt dies auf einer Bänderscheibe, da dort mehrere parallele Kreislinien eingraviert sind. Drücken Sie nun den ersten Tonwulst mit dem Daumen auf die Grundplatte und ziehen Sie gleichzeitig den Ton außen mit den ersten drei Fingern hoch.

3 Legen Sie noch weitere Tonwülste auf. Pressen Sie diese zusammen, indem Sie mit dem Daumen innen nach unten und mit den Fingern von außen nach oben drücken. Manchmal ist es hilfreich, wenn das Gefäß mit der anderen Hand gestützt wird.

Aufbauen aus **Tonplatten**

Die Plattentechnik bietet besonders vielseitige Möglichkeiten, da mit ihr nicht nur rechteckige Gefäße, sondern auch Zylinderformen gefertigt werden können. Sie können die Tonplatten ganz einfach ausmessen und so auf diese Weise alle möglichen Formen sehr genau zuschneiden.

Es ist sehr wichtig, dass die Platten gleichmäßig dick ausgerollt werden, damit die einzelnen Teile genau zusammenpassen. Nach Möglichkeit sollten Sie eine große Platte, aus der Sie dann alle Einzelplatten ausschneiden können, ausrollen. Die besten Ergebnisse erzielen Sie mit einem Tonroller, einem Stück Stoff und Holzleisten, zwischen denen Sie den Ton in gleicher Höhe halten.

Wenn Sie zwei rechteckige Platten zusammenfügen möchten, rauen Sie alle Kanten zunächst auf. Tragen Sie dann etwas Tonschlicker auf die Kanten, um die Stücke zusammenzukleben. Zum zusätzlichen Stabilisieren der Fugen, beispielsweise bei einer größeren rechteckigen Schale, drücken Sie von innen und außen jeweils einen kleinen Tonwulst auf jede Ecke. Dies hält die Platten besser zusammen und wirkt zudem noch wie ein Teil des Dekors.

1 Legen Sie ein Stück Leinenstoff oder Bettlaken auf den Tisch. Damit gewährleisten Sie eine glatte Oberfläche der ausgerollten Tonplatte. Legen Sie nun einen Tonklumpen zwischen zwei gleich dicke Holzleisten. Der Abstand zwischen den Holzleisten sollte etwa so groß sein wie die Platte, die Sie ausrollen möchten.

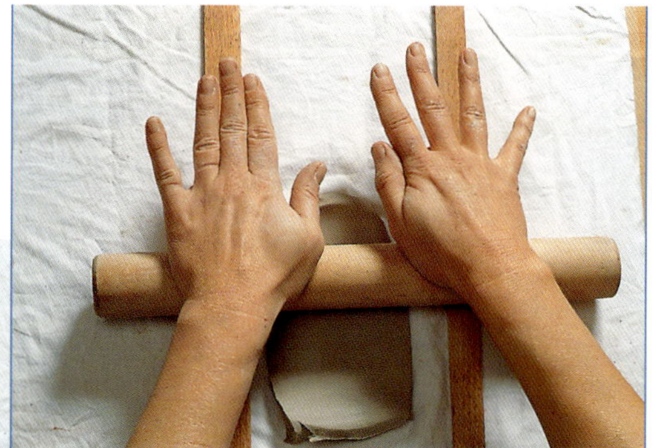

2 Rollen Sie den Tonroller mit beiden Handflächen. So üben Sie einen gleichmäßigen Druck aus und die Platte wird überall gleich dick.

3 Wenden Sie die Tonplatte nun und rollen Sie in der anderen Richtung.

4 Ziehen Sie dann die Tonplatte vom Stoff ab und drehen Sie die Unterseite nach oben. Rollen Sie diese in beiden Richtungen um zu gewährleisten, dass die Platte überall gleichmäßig dick und glatt wird.

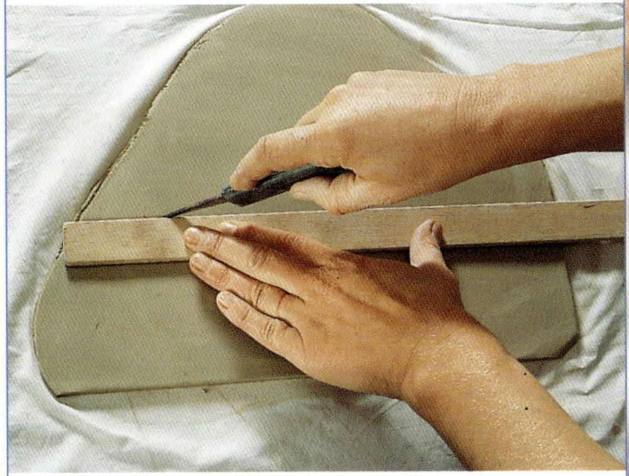

5 Zum Zuschneiden gerader Platten benötigen Sie eine Holzleiste oder ein Lineal sowie ein scharfes Messer.

(rechts) Dieses hübsche Kästchen besteht aus einfachen rechteckigen Tonplatten. Nähere Anleitungen siehe S. 94.

Drehen auf einer Scheibe

Die ersten Versuche, auf der Scheibe zu töpfern, sind meist sehr unterhaltsam, aber zugleich auch frustrierend.

Jeder Töpferneuling muss lernen, den Ton auf der Scheibe zu zentrieren. Drücken Sie den Ton auf das Scheibenzentrum und geben Sie ihm mit den Händen eine gleichmäßige Form, sodass er beim Drehen der Scheibe schön fest liegt. Dabei entsteht eine hohe Fliehkraft, der Sie entgegenwirken müssen. Ist der Ton richtig zentriert, können Sie damit beginnen, ihn aufzubrechen. Zunächst formen Sie dabei einen Becher, dann erst wird die Wand zu einer Vase, einem Krug oder einem anderen Gefäß hochgezogen. Halten Sie den Ton dabei stets feucht. Am besten stellen Sie immer eine Wasserschüssel bereit, in der Sie Ihre Hände anfeuchten können.

1 Säubern Sie zunächst die Töpferscheibe gründlich. Legen Sie dann den feuchten Tonklumpen in die Mitte. Drücken Sie den Ton mit den Handflächen auf die sich drehende Scheibe. Stemmen Sie dabei die Ellbogen in Ihren Körper, sodass Sie einen möglichst kräftigen Druck ausüben können und die Hände völlig unter Kontrolle haben.

2 Pressen Sie den Ton zu einem Kegel hoch. Die Töpferscheibe muss sich während des gesamten Töpfervorganges ziemlich schnell drehen.

3 Stützen Sie nun mit einer Hand den Ton seitlich ab, während die andere die Spitze des Kegels herunterdrückt. Mit dieser Technik stellen Sie nicht nur sicher, dass der Ton genau im Zentrum der Scheibe liegt, Sie drücken auch eventuelle Luftblasen aus der Tonmasse heraus. Wiederholen Sie dies mehrmals, bis der Ton gut ausbalanciert ist.

4 Brechen Sie nun mit den ersten beiden Fingern den Ton oben auf. Stützen Sie dabei die Außenwand weiter mit der Handfläche der anderen Hand.

5 Ziehen Sie mit beiden Händen den Ton auseinander, um die Bodenplatte zu formen – nicht zu stark, sonst wird der Boden zu dünn.

6 Drücken Sie dann mit den Fingerknöcheln unter dem Gefäßrand eine Rinne ein und pressen Sie den Ton vorsichtig, sodass er nach oben gezogen wird. Stützen Sie die Form innen mit den Fingern der anderen Hand ab. Ziehen Sie den Ton von der Basis aus hoch, sodass das Gefäß immer höher wird. Führen Sie den Ton dabei in die gewünschte Form.

7 Festigen Sie den Rand zwischen den Fingern einer Hand. Der Zeigefinger drückt sanft von innen gegen die Wandung. Führen Sie die Form zwischen Daumen und Fingerspitzen der anderen Hand.

8 Glätten Sie den Gefäßrand, indem Sie ihn bei drehender Scheibe sanft zwischen Daumen und Fingern einer Hand halten und den Zeigefinger der anderen Hand darauf abstützen. Säubern Sie die Basis mit einem Modellierholz.

9 Lösen Sie das Gefäß mit dem Schneidedraht vorsichtig von der Töpferscheibe. Säubern Sie die Scheibe von Tonresten, sodass diese nicht hart werden und das nächste Kunstwerk zerstören können.

Dekorieren

Das Dekorieren gibt Ihnen reichlich Gelegenheit, Ihrem keramischen Kunstwerk einen ganz persönlichen Stil zu verleihen. Sie können den Ton ganz einfach naturfarben belassen, mithilfe von Stempeln ein Dekor einritzen oder mit Modellierwerkzeugen, strukturierten Holzstücken oder anderen Gegenständen die verschiedensten Ornamente eingravieren.

Natürlich steht Ihnen auch die ganze Welt der Farben offen. Mit farbigem Tonschlicker (Engobe) können Sie beispielsweise das gesamte Werkstück einfärben oder beliebige Motive aufmalen. Vielleicht möchten Sie auch Ihr Zeichentalent ausprobieren, indem Sie Dekorfarben mit verschiedenen Pinseln auftragen. Fertigen Sie jedoch zuvor eine Skizze des Designs an, um zu prüfen, ob diese mit den Formen des Gefäßes harmonieren.

Arbeiten mit **Farben**

Das Einfärben gehört zu den Töpferarbeiten, die den meisten Spaß machen. Ein Keramikgefäß kann eine ganz andere Wirkung bekommen, wenn es gefärbt ist.

Unterglasur- oder Dekorfarben können als Pulver käuflich erworben und mit dem Pinsel aufgetragen werden. Sie bieten unendliche Möglichkeiten, sich kreativ auszudrücken. Lösen Sie das Pulver im Wasser gründlich auf, sodass die Farbe schön glatt ist und keine Klumpen zurückbleiben. Rühren Sie eine kräftige Farbe an – zu wässrige Töne wirken eher fade.

Verwenden Sie zum Anrühren einen weißen Porzellanteller oder eine Glasscheibe, sodass Sie die Farben richtig erkennen können. Bedenken Sie aber, dass sich manche Farben beim Brenne verändern. Testen Sie die Farben deshalb vorher auf einem Tonstück. Unterglasurfarben lassen sich auch zu neuen Farbtönen vermischen. Sie können sogar eine Farbe auf eine andere aufbringen, wenn diese nicht zu dick aufgetragen wurde. Allzu dicke Farbschichten lassen sich auch schlecht glasieren und führen zu unebenen Oberflächen.

Zum Auftragen der Farben eignen sich Naturhaarpinsel (Japanpinsel) am besten, weil sie biegsamer und leichter zu handhaben sind und die Linien lebendiger erscheinen lassen. Sie können aber auch die Farbe mit einem Schwamm aufdrucken oder das Dekor mithilfe von Schablonen aufmalen.

Noch ein Sicherheitstip, bevor Sie mit der Arbeit beginnen – atmen Sie das Farbpulver nicht ein und nehmen Sie nichts in den Mund, was mit der Farbe in Berührung gekommen ist. Waschen Sie sich nach der Arbeit mit Glasurfarben die Hände, denn viele von ihnen sind giftig.

Verrühren Sie die Farbpulver mit Wasser zu einer cremigen Paste. Experimentieren Sie mit den Farben, weil sie nach dem Brennen häufig ganz anders aussehen als vorher. So sieht z.B. kobaltblaue Glasurfarbe als Pulver eher violett aus. Sie können die Farben aber auch genau wie andere Farben zu neuen Farbtönen vermischen.

(links) Unterglasurpulver werden in allen möglichen Farben angeboten.

Dekorieren

Halten Sie Ausschau nach Gegenständen mit strukturierten Oberflächen, mit denen Sie schöne Muster auf dem Ton erzeugen können. So lassen sich raue Stoffe oft wirkungsvoll auf große Tonflächen drucken und auch mit Naturobjekten wie Holz oder Muscheln können Sie den Ton interessant verzieren.

Strukturierte Oberflächen können Sie mit allen möglichen Gegenständen erzeugen. Mit einem Stempel oder einfach einem spitzen Gegenstand lassen sich dekorative Dekors in den Ton gravieren. Geeignet sind solche Objekte, die saubere Ränder erzeugen, sodass die Wirkung der fertigen Keramik durch interessante Schatten erhöht wird.

Es bereitet auch Spaß, Stempel selbst herzustellen. Bedenken Sie dabei aber immer, dass der Stempel im Ton einen Negativabdruck hinterlässt.

Am besten stellen Sie gleich mehrere solcher Stempel her, die dann auch für spätere Dekorationen bereitliegen.

Um einen Tonstempel herzustellen, formen Sie eine kleine Tonkugel, rollen diese und flachen sie dann oben ab. Das Muster können Sie mit einem beliebigen Gegenstand eingravieren. Nach dem Schrühbrand haben Sie ein dauerhaftes Werkzeug.

Tonstempel eignen sich in den unterschiedlichsten Formen und Größen. Bedenken Sie stets, dass der Stempel auf dem Ton einen Negativabdruck erzeugt, sodass beispielsweise aus einem Lochmuster kleine Erhebungen werden.

Beim Eingravieren von Mustern in den Ton sind der Phantasie keine Grenzen gesetzt. Jeder beliebige Gegenstand aus Holz, Kunststoff oder Metall kann direkt in den Ton gedrückt oder zur Herstellung eines Tonstempels benutzt werden.

Malen mit **Engoben**

Wenn Sie einen dunklen Ton verwendet haben und lieber eine helle Fläche dekorieren möchten, müssen Sie den Ton mit Tonschlicker überziehen. Dabei handelt es sich um einen pulverförmigen Ton, der mit Wasser zu einer cremigen Paste verdünnt wird. Drücken Sie den Schlicker anschließend durch ein engmaschiges Sieb (etwa Siebstärke 120) um zu gewährleisten, dass er keine Klumpen enthält.

Schöne Effekte lassen sich auch mit farbigem Tonschlicker oder „Engobe" erzielen. Dabei können Sie in den Schlicker einfach Unterglasurfarben einrühren und ihn dann mit einem Malhörnchen auf den Ton auftragen. Zum Bemalen mit Engobe sollte der Ton noch weich bis lederhart sein.

Sie können natürlich auch mit farbigen Glasuren arbeiten. Diese können Sie bereits fertig kaufen oder auch nach unzähligen Rezepten selbst herstellen (siehe S. 34 bis 43).

Fertige Engoben werden in Flaschen angeboten, doch Sie können diese auch selbst herstellen, indem Sie Unterglasurfarben einrühren. Der Tonschlicker muss gründlich durchgesiebt werden.

1 Um Engoben selbst herzustellen, füllen Sie Tonpulver in einen Eimer. Geben Sie dann nach und nach Wasser hinzu und verrühren Sie die Paste mit einem steifen Pinsel, um möglichst viele Klumpen zu zerkleinern.

2 Rühren Sie den Schlicker so glatt wie möglich. Stellen Sie ein Sieb mit Holzleisten auf einen sauberen Eimer. Drücken Sie den Schlicker mit einem Pinsel durch das Sieb.

3 Sieben Sie den Schlicker so drei- oder viermal in einen sauberen Eimer, indem Sie jedesmal ein etwas feineres Sieb verwenden.

4 Zur Herstellung von Engobe rühren Sie mit einem Pinsel pulverförmige Unterglasurfarbe unter den Schlicker, bis die Masse ganz glatt ist. Die fertige Engobe sollte die Konsistenz von Schlagsahne haben.

(rechts und oben rechts) Die Linien und Tupfen auf diesen Kacheln wurden mit Engobe gemalt. Die genaue Anleitung finden Sie auf S. 88.

Brennen & Glasieren

Um den Ton zu härten und Ihr Kunstwerk zu einem gebrauchsfertigen Gefäß zu machen, muss der Ton gebrannt werden. Der erste Brand, der so genannte Roh- oder Schrühbrand, findet direkt nach dem Dekorieren und Bemalen statt. Um den Ton mit einer matten oder glänzenden Glasur zu schützen, müssen Sie ihn ein zweites Mal brennen. Dies wird Glatt- oder Glasurbrand genannt.

Sicherheit ist oberstes Gebot. Vergessen Sie nicht, dass Sie beim Brennen und Glasieren mit potentiell gefährlichen Substanzen und Geräten arbeiten. Daher ist es wichtig, die Glasuren ganz exakt anzumischen und den Brennofen richtig zu bestücken. Das Brennen ist die wichtigste Phase für das Gelingen Ihrer Keramik. Bei Fragen und Problemen mit den für die verschiedenen Tonsorten und Glasuren erforderlichen Brenntemperaturen richten Sie sich am besten an Ihren Fachhändler.

Glasieren

Durch das Glasieren erhält der Ton eine schützende Außenschicht. Erhitzt man die Glasur bei hohen Temperaturen im Brennofen, bilden die darin enthaltenen Substanzen eine undurchdringliche, glasähnliche Schicht. Es gibt glänzende und matte Glasuren, durchsichtige und undurchsichtige. Sie alle werden vor dem Glasurbrand aufgetragen.

Wenn Sie Ihr Werkstück bereits mit Engobe oder Unterglasurfarben bemalt haben, möchten Sie sicher eine durchsichtige Glasur auftragen. Wollen Sie dagegen ein Tongefäß nach dem Schrühbrand mit einer farbigen Glasur überziehen, bietet die chemische Reaktion von Oxiden bei hohen Temperaturen unendlich viele Möglichkeiten für verschiedene Farben und interessante Designs. Sie können bereits fertige Keramikglasuren im Fachhandel kaufen. Sie werden in allen möglichen Farben angeboten und einfach mit dem Pinsel aufgetragen. Sie können sich aber Ihre Glasuren auch selbst herstellen, indem Sie die einzelnen Zutaten nach Rezept mischen.

Bevor Sie die Glasur auftragen, sollten Sie prüfen, dass sie auch zu dem Ton passt. Verschiedene Glasuren erfordern unterschiedliche Brenntemperaturen und diese müssen dann auch für den verarbeiteten Ton geeignet sein. Wenn Brenntemperatur, Glasur und Ton nicht zusammenpassen, kann die Oberfläche fehlerhaft, z.B. rissig, werden.

Rezept für farblose Glasur, geeignet für Irdenware

Bleibisilikat 68 %
Kaolin 12 %
Steinzeugton 15 %
Schlämmkreide 5 %

Sicherheit im Umgang mit Glasuren

Lagern Sie alle Materialien an einem sicheren Ort und halten Sie die Behälter fest verschlossen, sodass sie nicht austrocknen können. Achten Sie darauf, dass alle Glasurbehälter korrekt beschriftet sind. Vermeiden Sie das Einatmen der Glasuren und achten Sie darauf, dass Kinder die Flüssigkeiten und unvermischten Glasuren nicht berühren – vergessen Sie niemals, dass es sich um giftige Substanzen handelt.

Vorbereiten der **Glasur**

Ob Sie nun Ihre Glasur nach Rezept selbst herstellen oder fertig kaufen – prüfen Sie in jedem Fall, ob die Zutaten gut vermischt sind. Nur eine glatte Glasur ohne Klumpen garantiert Ihnen auch eine glatte Oberfläche auf der Keramik.

Tragen Sie beim Anrühren der Glasur eine Schürze oder ähnliche gut waschbare Schutzkleidung. Tragen Sie beim Auswiegen der Trockensubstanzen eine Atemmaske und arbeiten Sie, um nicht mit den Stoffen in Berührung zu kommen, mit einer Schöpfkelle oder einem Plastikkrug. Wichtig ist auch eine genaue Waage.

1 Wiegen Sie die Pulver für die Glasurmischung ganz genau aus.

2 Vermischen Sie alle Trockensubstanzen in einem großen Eimer.

3 Fügen Sie nach und nach Wasser hinzu – etwa die halbe Menge der Trockensubstanzen.

4 Rühren Sie die Mischung mit einer Holzleiste oder den Händen um – am besten mit Handschuhen. Versuchen Sie möglichst viele große Klumpen mit der Hand zu zerkleinern. Tauchen Sie tief in die Masse ein, um sicherzustellen, dass alle Farben gut vermischt werden.

5 Rühren Sie so lange, bis die Mischung nur noch kleine Klümpchen enthält.

6 Legen Sie dann zwei Holzleisten über einen sauberen Eimer und schütten Sie die Glasur durch ein grobes Sieb (etwa Siebstärke 60). Drücken Sie die Masse mit einem steifen Glasurpinsel, einem Gummischaber oder mit den Händen durch das Sieb.

7 Sieben Sie die Masse dann durch ein feineres Sieb (Siebstärke 100) in einen sauberen Eimer. Wiederholen Sie diesen Vorgang zwei- bis dreimal mit immer feineren Siebstärken.

8 Drücken Sie die letzten Klumpen mit den Händen durch das Sieb.

9 Mit einem Gummischaber können Sie sicherstellen, dass selbst kleinste Klümpchen beseitigt werden.

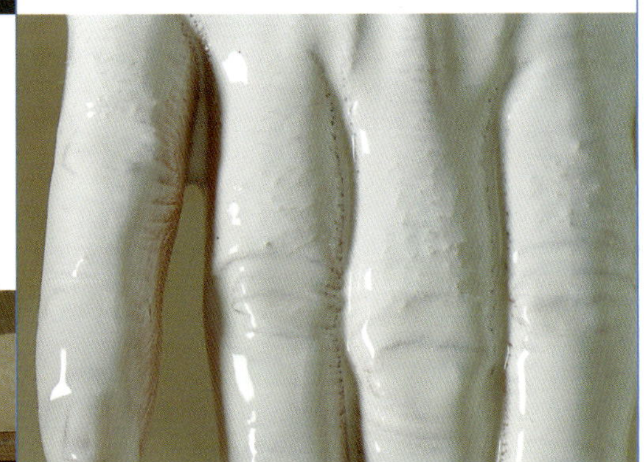

10 Testen Sie die Konsistenz der Glasur, indem Sie eine Hand in den Eimer tauchen. Die Glasur ist richtig, wenn Sie die feinen Härchen auf Ihrer Hand erkennen können. Ist sie zu dickflüssig, werden die Haare von der Flüssigkeit bedeckt.

Auftragen der **Glasur**

Glasuren werden nach dem Schrühbrand gleichmäßig auf den Ton aufgetragen. Wenn Sie mit einer gekauften Fertigglasur arbeiten, sollten Sie darauf achten, dass sich die Ränder nicht überlappen, sonst entsteht nach dem Brennen eine unregelmäßige Oberfläche. Durch das Auftragen mehrerer dünner Schichten lassen sich solche Unebenheiten manchmal ausgleichen.

Wenn Sie eine ausreichend große Glasurmenge haben, tauchen Sie am besten das ganze Werkstück in den Glasureimer. Mit einer besonderen, schnellen Technik kann man dabei verhindern, dass die Glasur zu dick aufgetragen wird. In den meisten Fällen muss die Glasur erst umgerührt werden, weil sich nach einiger Zeit feste Partikel auf dem Eimerboden absetzen. Die Glasur kann aber auch mit extra großen Pinseln (z.B. Glasurpinseln) aufgetragen werden.

Entscheiden Sie über die Art des Glasierens anhand der Form des Gefäßes und danach, ob es an der Basis gut festgehalten werden kann. Wischen Sie Glasurtropfen vom Gefäßboden mit einem sauberen, feuchten Schwamm ab – sie könnten im Brennofen das Gefäß auf der Unterlage festkleben. Trotzdem sollten Sie vorsichtshalber die Ofenplatten mit einem Trennmittel bestreichen, um sie vor herabgelaufenen Glasurresten zu schützen.

1 Auf der Scheibe gedrehte Gefäße glasieren Sie am besten zunächst innen. Schöpfen oder gießen Sie dafür die Glasur in das Gefäß und schwenken Sie es mehrmals. Gießen Sie die Glasur dann wieder aus, indem Sie das Gefäß am Boden festhalten und es aus dem Handgelenk heraus etwas drehen.

2 Lassen Sie die Glasur nun etwas antrocknen. Wenn Sie ein zylindrisches Gefäß ohne Fuß glasieren, etwa einen Krug, tauchen Sie diesen aufrecht in die Glasur, indem Sie ihn mit gespreizten Fingern an der Innenwandung halten. Schütteln Sie Glasurtropfen beim Herausnehmen durch leichtes Drehen ab. Vergessen Sie nicht, den Boden gründlich mit einem Schwamm abzuwaschen. Gefäße mit Fuß tauchen Sie mit dem Boden nach oben in den Glasureimer. Auch hier muss beim Herausziehen wieder leicht gedreht werden, damit die Glasur abtropfen kann. Kleine Fehlstellen können mit dem Pinsel ausgebessert werden.

3 Glasierte Werkstücke fertig für den Brennofen.

Brennen

Beim Brennen wird der Ton durch extreme Hitze gehärtet und erst dadurch zum funktionellen Gebrauchsgegenstand. Für diesen Vorgang benötigen Sie einen Brennofen. Das Brennen erfolgt entweder durch Oxidation, wobei Sauerstoff frei im Ofen zirkuliert, oder durch Reduktion, bei der die Sauerstoffmenge reduziert wird. Meist sind zwei Brennvorgänge erforderlich – der Roh- oder Schrühbrand und der Glasur- oder Glattbrand.

Es ist sinnvoll, den Ton erst durch einen Schrühbrand zu schützen, bevor sich der Glasurbrand anschließt. Wenn Ihnen ein Brennofen zu teuer ist oder Sie ganz einfach keinen Platz dafür haben, verzweifeln Sie nicht. Meist kann schon der Fachhändler Abhilfe schaffen. Entweder kann er Ihre Kunstwerke selbst brennen oder er kennt einen Töpfer, der dies für Sie tun kann. Ist dies nicht der Fall, könnten Sie vielleicht in der nächstgelegenen Universität oder Volkshochschule Hilfe finden.

Der richtige Brennofen

Beim Kauf eines Brennofens sind mehrere Kriterien zu beachten. Eine große Rolle spielt natürlich Ihr Geldbeutel. Aber auch der zur Verfügung stehende Platz ist wichtig. Hinzu kommt die Frage, welchen Ton Sie wie brennen wollen.

Für den häuslichen Bedarf ist wohl ein Brennofen ideal, der mit Gas oder Strom betrieben wird. Irdenware lässt sich gut in einem elektrischen Brennofen brennen. Für Steinzeuggefäße ist ein Gasbrennofen besser geeignet, mit dem die Temperatur-

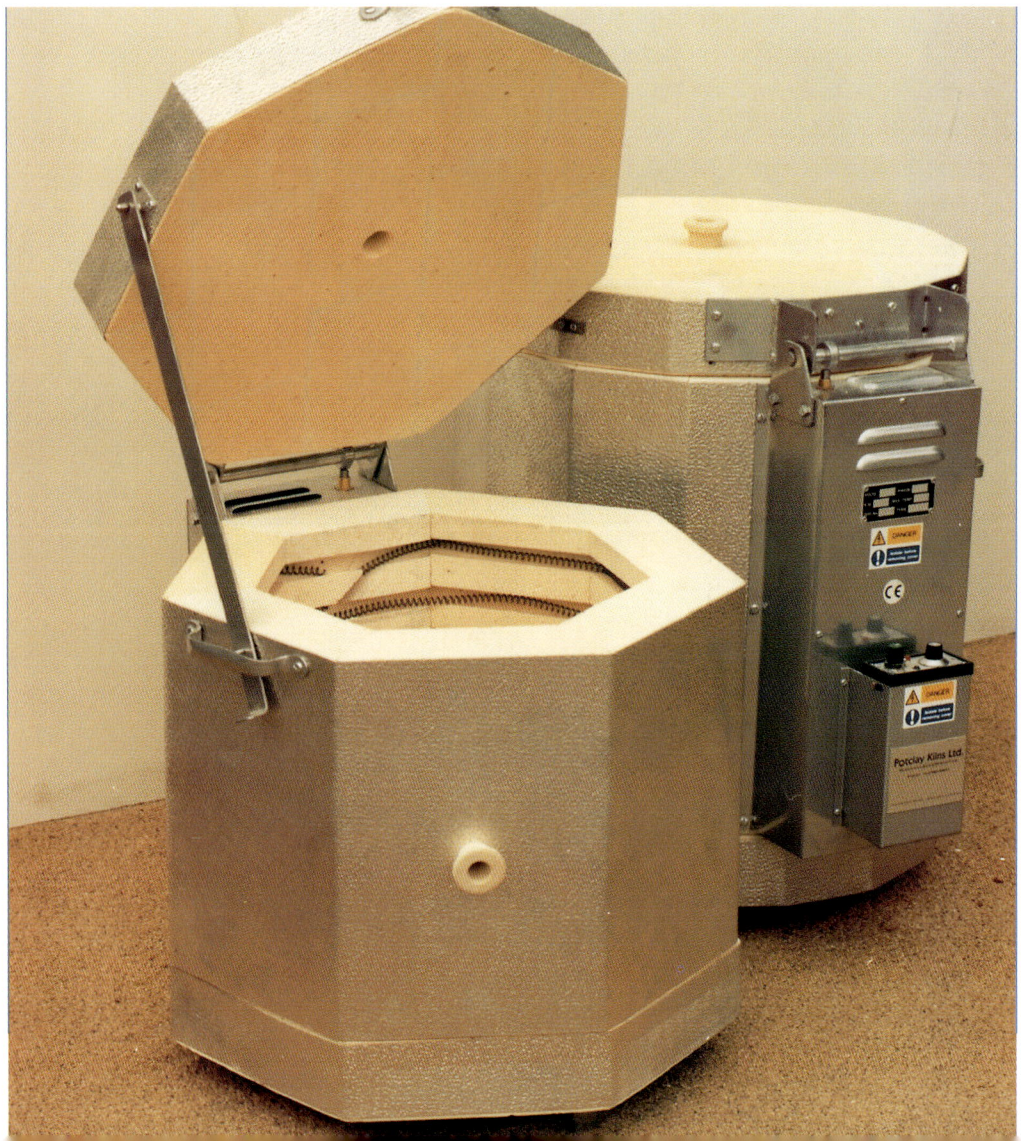

stufen für die verschiedensten Glasuren besser kontrolliert werden können.

Es gibt Brennöfen als Front- oder Toplader. Hier ist es einfach eine Geschmacksfrage, für welchen Sie sich entscheiden.

Ist Ihr Brennofen einmal installiert, müssen Sie sicherstellen, dass er genügend belüftet wird. Schließlich möchten Sie keine schädlichen Dämpfe einatmen. Wenn es möglich ist, sollten Sie einen Luftabzug installieren. Während des Brennens kann es auch sinnvoll sein, eine Atemmaske zu tragen, um sich vor den giftigen Dämpfen zu schützen.

Wenn Sie einen elektrischen Brennofen kaufen, sollte dieser außen ein Temperaturventil oder Pyrometer besitzen, sodass Sie die Brenntemperatur erkennen können. Ansonsten müssen Sie Brennkegel benutzen.

Zubehör für den Brennofen

Im Inneren des Brennofens werden Ofenplatten benötigt. Schützen Sie diese am besten vor dem Brennen mit einem Trennmittel.

Die Platten werden auf Ofenstützen gelegt, die Sie beliebig zusammensetzen und damit die Höhe verstellen können. Wenn Sie Ihre Kunstwerke auch auf der Unterseite dekoriert haben, halten Sie diese mit Dreifüßen von den Ofenplatten fern.

Mit so genannten Brenn- oder Segerkegeln können Sie die Temperatur im Inneren des Brennofens prüfen. Sie werden in kleine Tonklumpen gesteckt. Bei einer bestimmten, für jeden Kegel spezifischen Temperatur schmilzt das Material und der Kegel biegt sich nach unten, sobald der Ofen diese Temperatur erreicht hat.

(unten) Zubehör für den Brennofen: Ofenplatten, verschiedene Ofenstützen, Dreifüße und Brennkegel.

Schrühbrand

Ein Schrühbrand vermindert das Risiko, dass der Ton beim Glasieren zerbricht. Während des Brandes wird der Ton bereits gehärtet, doch die Oberfläche bleibt noch porös, sodass sie die Glasur noch annehmen kann.

Es ist sehr wichtig, dass der Ton vor dem Schrühbrand richtig trocken ist – zu erkennen ist dies an der hellen Färbung – und dass er sich nicht zu kalt anfühlt.

Da beim Schrühbrand keine Glasur herablaufen und die Töpfe miteinander verkleben kann, können Sie den Ofen mit reichlich Brenngut bestücken, das sich sogar berühren sowie in- oder aufeinander gestellt werden kann. Bedenken Sie jedoch, dass der Ton noch ziemlich zerbrechlich ist, bevor er zu fertiger Keramik verarbeitet ist. Daher sollte jedes Gefäß gut belüftet sein.

Die meisten Tonsorten werden im Bereich von 980 bis 1 100 °C gebrannt. Beim Schrühbrand müssen Sie die Brenntemperatur sehr langsam erhöhen. Die erste Phase zwischen 0 und 500 °C ist die schwierigste. Für jede Temperaturerhöhung um 100 bis 150 °C sollten Sie etwa eine Stunde einkalkulieren, sodass der gesamte Schrühbrand etwa 7 bis 10 Stunden dauert.

Die geschrühten Werkstücke können bis zur weiteren Bearbeitung an einem sicheren Ort aufbewahrt werden.

Das Brenngut kann beim Schrühbrand dicht in den Ofen gestapelt werden. Achten Sie nur darauf, dass um jeden Gegenstand genügend Luft zirkulieren kann.

Glasurbrand

Der Glasurbrand ist der letzte Arbeitsschritt beim Töpfern. Er erfordert viel Sorgfalt, sowohl für den Töpfer als auch für den Ton.

Bedenken Sie immer, dass der Brennofen sehr hohe Temperaturen erreicht und dass während des Brennvorganges giftige Dämpfe entweichen können. Wenn Sie zu Hause in Ihrem eigenen Brennofen brennen, achten Sie darauf, dass der Raum gut belüftet ist. Tragen Sie selbst dann eine Schutzmaske, wenn Sie die Temperatur höher einstellen.

Das Bestücken des Brennofens für den Glasurbrand erfordert etwas mehr Sorgfalt als beim Schrühbrand. Da die Glasuren das Brenngut zusammenkleben können, dürfen sich die Stücke nicht gegenseitig berühren. Stellen Sie sie deshalb notfalls auf Ofenstützen oder Dreifüße.

Vor dem Einschalten des Ofens informieren Sie sich genau über die erforderliche Brenntemperatur. Diese muss sowohl für den Ton als auch für die verwendete Glasur geeignet sein. Der Brennvorgang dauert etwa 7 bis 9 Stunden und ist zum Teil auch von der Größe des Brennofens abhängig. Ein kleiner Brennofen heizt schneller auf die erforderliche Temperatur als ein großer. Achten Sie darauf, dass keine Gegenstände auf dem Brennofen liegen.

(links) Achten Sie vor dem Bestücken des Ofens darauf, dass an den Gefäßböden keine Glasurreste mehr haften. Das Brenngut darf sich nicht gegenseitig berühren. Bestreichen Sie die Ofenplatten zuvor mit einem Trennmittel, damit Sie herabgelaufene Glasurreste nach dem Brennen einfach entfernen können.

Kontrollieren Sie die Brenntemperatur, indem Sie aus sicherem Abstand durch das kleine „Guckloch" sehen. Das Pyrometer an der einen Seite des Brennofens zeigt an, ob die Temperatur erreicht ist. Die größte Sicherheit haben sie jedoch, wenn Sie zuvor Brennkegel in den Ofen stellen. Die Kegel schmelzen und verbiegen sich, sobald eine spezielle Temperatur erreicht ist.

Die Farbe des Brenngutes wechselt während des Brennens von schwarz zu rotschwarz, orange, gelb und schließlich weiß. Wenn Sie etwa bis auf 1 140 °C brennen wollen, prüfen Sie bei etwa 1 100 °C durch das „Guckloch", ob die Kegel sich biegen. Wenn Sie auf der Oberfläche eines bauchigen Gefäßes in der Nähe des „Guckloches" einen Schimmer erkennen, ist der Ton fertig gebrannt. Bewegen Sie das Auge mehrmals von vorn nach hinten, um zu sehen, wie das Licht auf die Oberfläche trifft.

Ist das Brenngut noch nicht ganz fertig, halten Sie die Verglasungstemperatur mithilfe des Pyrometerschalters (dies wird als „pendeln" bezeichnet) oder durch leichtes Zurückdrehen der Temperatur noch eine gewisse Zeit.

Schalten Sie den Ofen aus, sobald der Glasurbrand abgeschlossen ist. Lassen Sie ihn vor dem Öffnen und Herausnehmen des Brenngutes mindestens 12 Stunden auskühlen.

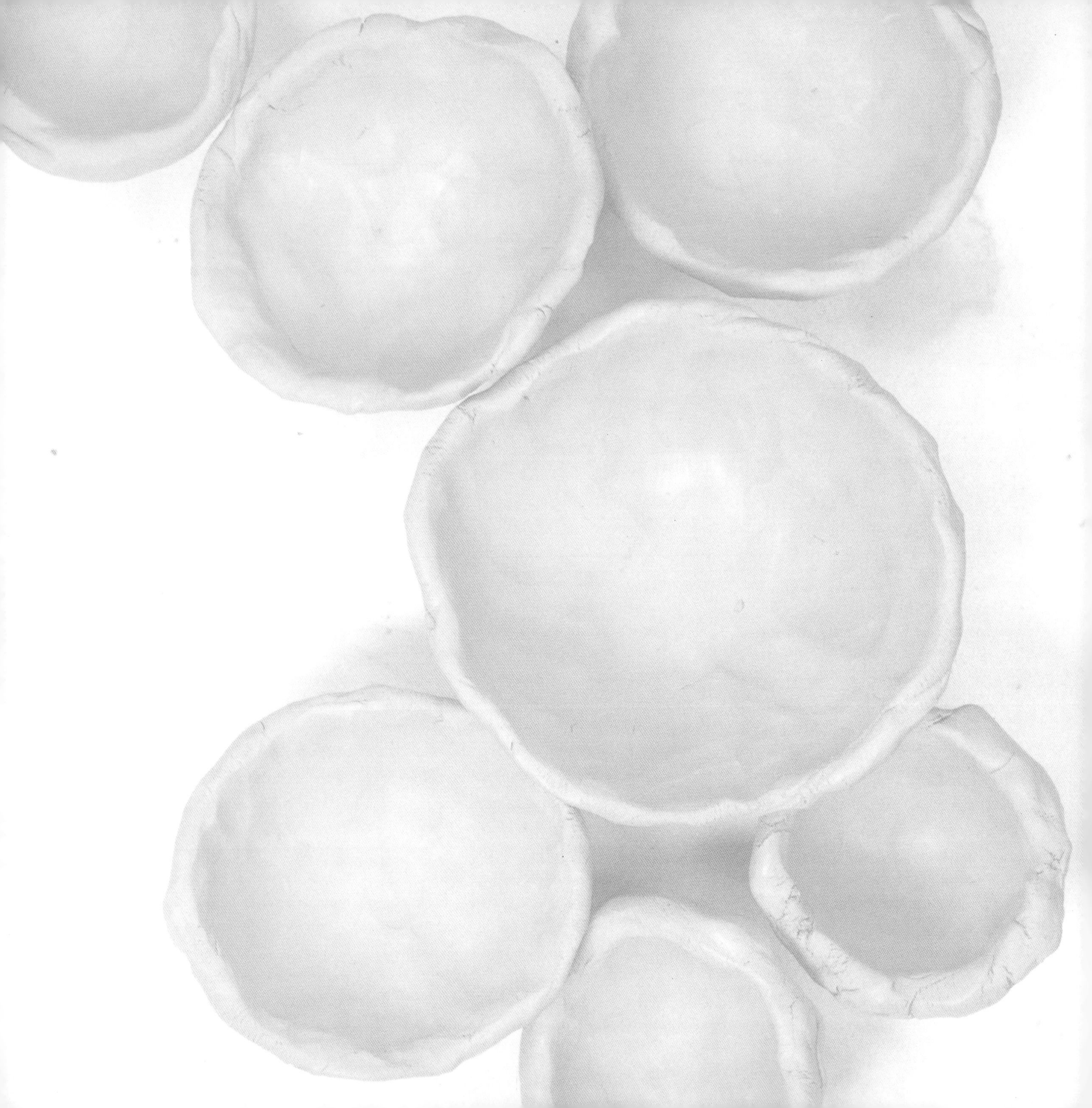

Frei modellierte Objekte

Viele dekorative Keramiken lassen sich ganz einfach mit den Händen formen. Die hier gezeigten Beispiele werden alle aus relativ kleinen Tonklumpen gefertigt, die sich leicht formen lassen. Beim Dekorieren werden die Formen dann noch ausbalanciert oder betont. Natürlich können Sie Ihrer Phantasie auch freien Lauf lassen. So könnten Sie die folgende Parfümkugel statt mit Lavendelzweigen z.B. mit einem bunten Kräutermotiv bemalen. Kinder finden häufig Gefallen an der kleinen Okarina-Flöte, die Sie mit den leuchtendsten Farben ganz beliebig verzieren können. Bei den Knöpfen und Perlen können Sie wunderbar die verschiedensten Ornamente und Strukturen ausprobieren. Und die getöpferten Kieselsteine bieten die Möglichkeit, gleich mehrere Tonfiguren zu einem schönen Gesamtkunstwerk zu vereinigen.

Parfüm**kugel**

Diese einfache handgeformte Parfümkugel ist ein idealer Einstieg in das Töpferhandwerk. Die mit Lavendelzweigen bemalte Keramik ist, gefüllt mit duftendem getrocknetem Lavendel, ein ideales Geschenk. Wenn Sie ein exotischeres Aussehen bevorzugen, können Sie die Kugel auch mit Orange- und Rottönen bemalen und mit einer wohlriechenden Gewürzmischung füllen.

Werkzeuge & Zubehör

Töpfermesser

kleiner Naturschwamm

Lochschneider

Zahnbürste

Tonstempel

Metallschaber

1 Formen Sie einen groben Tonbecher (siehe „Grundtechniken", S. 20 bis 27). Glätten Sie die Oberfläche mit einem Metallschaber und formen Sie den Becher dabei zu einer Kugel.

2 Rollen Sie die Tonkugel auf der Unterlage, um Sie ganz gleichmäßig zu formen.

3 Fertigen Sie mit einem Stempel das Dekor für die Parfümkugel. Sie können auch selbst einen Tonstempel herstellen, indem Sie einen Lavendelzweig in einen Tonwulst drücken und diesen durch Schrühbrand härten (siehe S. 28 bis 33). Pressen Sie den Tonstempel nun in eine kleine zuvor gefertigte Tonrolle, erhalten Sie ein erhabenes Muster.

4 Feuchten Sie die Tonkugel an den Seiten an und rauen Sie die Oberfläche mit einer alten Zahnbürste etwas auf, sodass die Dekorstreifen besser haften bleiben. Pressen Sie die Streifen auf die Kugel.

5 Bohren Sie die Duftlöcher oben in die Parfümkugel.

6 Schneiden Sie eine kleine Tonscheibe aus und legen Sie diese oben zwischen die Duftlöcher. Drücken Sie mit einem Tonstempel ein Muster hinein.

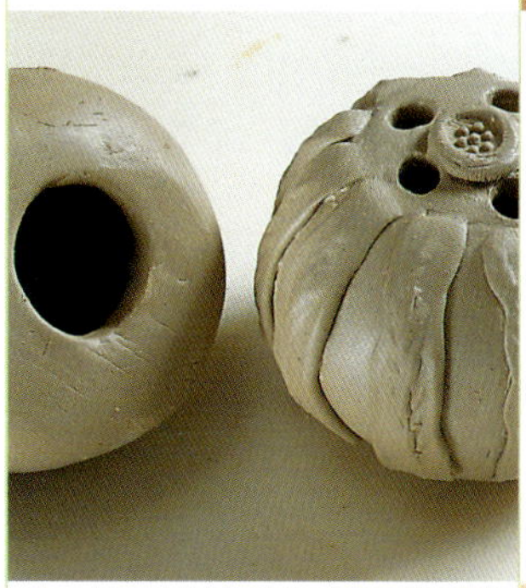

7 Hier sind zwei Parfümkugeln zu sehen, eine fertige und eine noch in Arbeit befindliche. Die Kugel wird durch ein Loch im Boden gefüllt, welches dann mit einem Stück Korken verschlossen werden kann. Lassen Sie den Ton vor dem Schrühbrand trocknen.

8 Nach dem Brennen wird die Kugel bemalt. Verwenden Sie für die Blüten lavendelblaue Farbe.

9 Malen Sie nun schmale grüne Blätter auf die flachen Streifen zwischen den Lavendelblüten.

10 Bemalen Sie die Kugel oben in denselben Farben, um das Dekor abzurunden.

11 Tauchen Sie die bemalte Kugel in die Glasur, indem Sie einen Finger in das Bodenloch stekken. Überschüssige Glasurtropfen müssen vorsichtig abgeschüttelt werden.

12 Bessern Sie nicht glasierte Stellen mit dem Pinsel aus.

13 Nach dem Glasurbrand wird die Kugel mit Lavendel gefüllt und mit Kork verschlossen.

Okarina

Eine Okarina ist eine kleine Handflöte. Der Name bezieht sich auf ihre Form (das aus dem Italienischen stammende Wort bedeutet Gänseei). Es bereitet großen Spaß, sie zu töpfern, und mit etwas Glück können Sie ihr sogar Töne entlocken. Diese einfache Version hat nur drei Löcher. Sie können aber auch mehr Löcher bohren, wenn Sie möchten.

Werkzeuge & Zubehör

Leinen- oder Baumwollstoff

Holzleisten

Tonroller

runde Schablone

Töpfermesser

kleiner Naturschwamm

Lochschneider

farbige Engoben (gelb, grün und braun)

Malhörnchen

1 Rollen Sie eine Tonplatte aus (siehe S. 20 bis 27) und schneiden Sie aus dieser mithilfe der Schablone eine runde Scheibe aus. Falten Sie die Scheibe zusammen, sodass die Kanten aufeinander liegen.

2 Die Kanten werden mit Daumen und Zeigefinger fest zusammengedrückt.

3 Biegen Sie ein Ende leicht über den Daumen um. So entsteht der Griff, mit dem Sie die Okarina beim Spielen halten können.

4 Schneiden Sie mit einem Messer für das Mundstück eine Kerbe in die Mitte der runden Kante.

5 Drücken Sie die Kanten des Mundstückes etwas flach, sodass der Ton hier ganz dünn ist. Runden und glätten Sie alle Kanten der Okarina mit einem Stück Stoff. Blasen Sie bei Bedarf durch das Mundstück kräftig in die Okarina, um sie bauchiger zu machen. Nun muss der Ton etwas antrocknen.

6 Wenn die Okarina lederhart ist, bohren Sie mit dem Lochschneider drei oder vier Löcher in eine Seite. Diese müssen sauber geschnitten sein. Bohren Sie die Löcher so, dass man das Instrument bequem spielen kann.

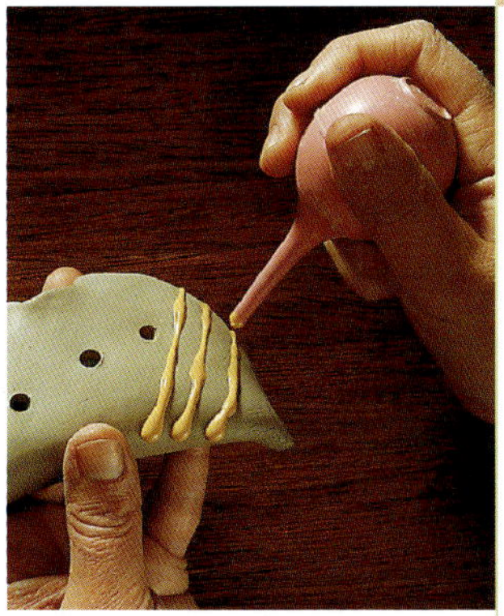

7 Mit dem Malhörnchen und gelber Engobe werden auf der mit Löchern versehenen Seite Zierlinien gemalt.

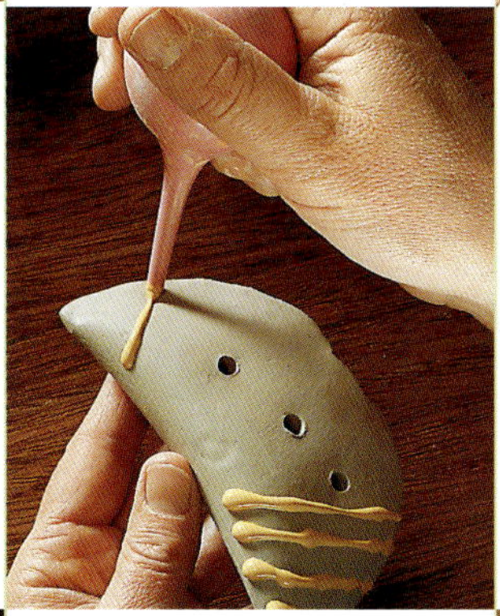

8 Die andere Seite der Löcher wird in gleicher Weise mit gelben Zierlinien bemalt.

9 Ziehen Sie dann zwischen den gelben die braunen Linien, drei auf einer Seite und zwei kürzere auf der anderen, sodass das Muster nicht allzu symmetrisch aussieht. Achten Sie darauf, dass Sie nicht mit der Farbe die Löcher verstopfen.

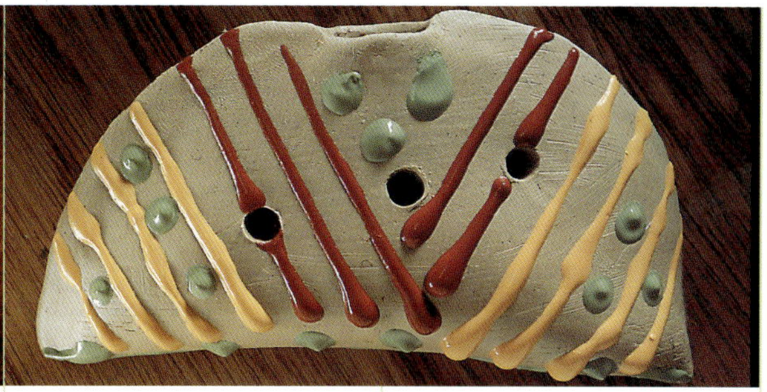

10 Durch Aufbringen einiger grüner Punkte wird die Dekoration vervollständigt. Wischen Sie unerwünschte Farbe mit einem feuchten Schwamm ab. Nun ist die Okarina fertig für den Schrühbrand.

11 Zum Schluss wird die Okarina glasiert und erneut gebrannt. Viel Spaß beim Spielen.

Knöpfe und Perlen

Schon mit ganz einfachen Ideen können Sie phantasievolle und zudem nützliche kleine Gebrauchsgegenstände töpfern. Mit selbst gemachten Knöpfen erhält Ihre Kleidung einen ganz originellen persönlichen Touch. Und mit einigen hübschen Tonperlen können Sie Ihre Schmuckschatulle bereichern.

Werkzeuge & Zubehör

Tonstempel

Pinsel

Metallschaber

1 Stellen Sie Ihre eigenen Tonstempel her (siehe „Dekorieren", S. 28 bis 33). Für einen Knopf formen Sie eine kleine, gleichmäßige Tonkugel und drücken einfach den Stempel hinein. Flachen Sie dabei die Rückseite in der Handfläche ab. Der Tonstempel hinterlässt einen deutlichen erhabenen Abdruck.

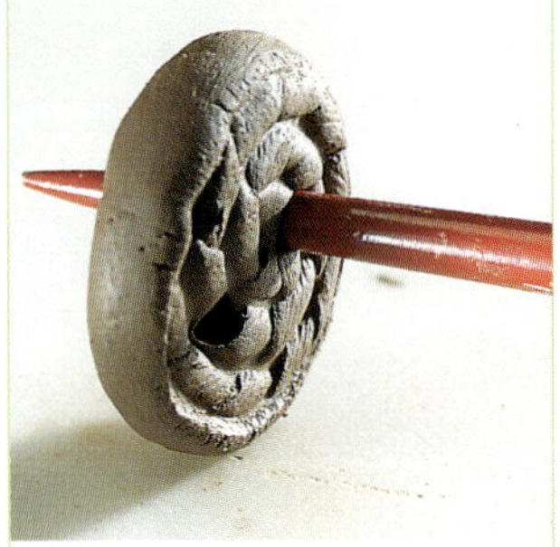

2 Bohren Sie mit einem Pinselstiel vorsichtig zwei Löcher in den Knopf.

3 Runde Perlen lassen sich ganz einfach fertigen, indem Sie einen Pinselstiel durch eine kleine Tonkugel bohren. Für rechteckige Perlen stecken Sie einen Tonklumpen auf den Stiel und flachen ihn, beispielsweise mit einem Metallschaber, an vier Seiten ab. Drücken Sie dann auf alle vier Seiten einen Tonstempel und ziehen Sie den Pinsel vorsichtig heraus.

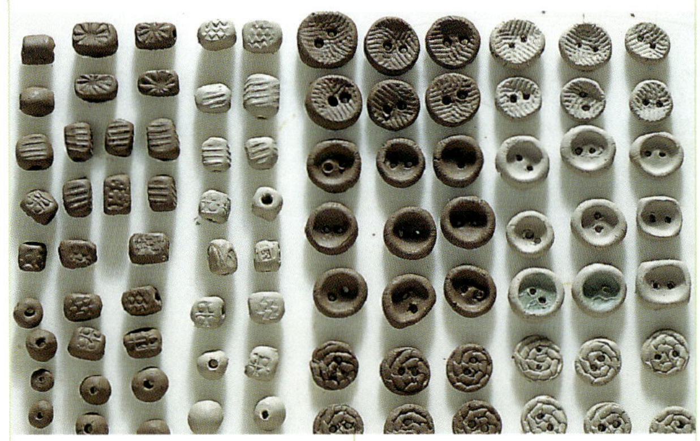

4 Legen Sie die Knöpfe und Perlen zum Trocknen in Reihen aus.

5 Die unglasierten Knöpfe werden mit einem Glasurbrand gehärtet.

Ton**kieselsteine**

***T**onkieselsteine für Innen- und Außendekorationen haben gegenüber echten Steinen den Vorteil, dass Sie diese genau nach Ihren Wünschen gestalten können. Ideal platziert sind sie beispielsweise in einem kleinen Bonsai-Garten im japanischen Stil.*

Werkzeuge & Zubehör

- **großer Kieselstein**
- **strukturiertes Holzstück**
- **Wellpappe**
- **Töpfermesser**
- **kleiner Naturschwamm**
- **Malhörnchen**
- **Zahnbürste**
- **Filmdose**

1 Ein Tonkieselstein entsteht durch Zusammenfügen zweier handgeformter Tonbecher (siehe S. 20 bis 27). Das Foto zeigt die Arbeitsschritte vom Tonklumpen bis zum Hohlkörper.

2 Halten Sie einen Tonklumpen fest in einer Handfläche. Drücken Sie den Daumen der anderen Hand hinein und beginnen Sie, ihn auszuhöhlen.

3 Formen Sie unter ständigem Drehen des Tonklumpens mit Daumen und Fingern einen kleinen Becher.

4 Fertigen Sie einen zweiten Becher. Bevor die beiden Becher zusammengefügt werden können, sollten Sie diese mit Papier füllen, um die Form des Kiesels von innen her zu stützen.

5 Fügen Sie die beiden Becher nun zusammen. Bei diesem Kiesel brauchen Sie nicht unbedingt Papier.

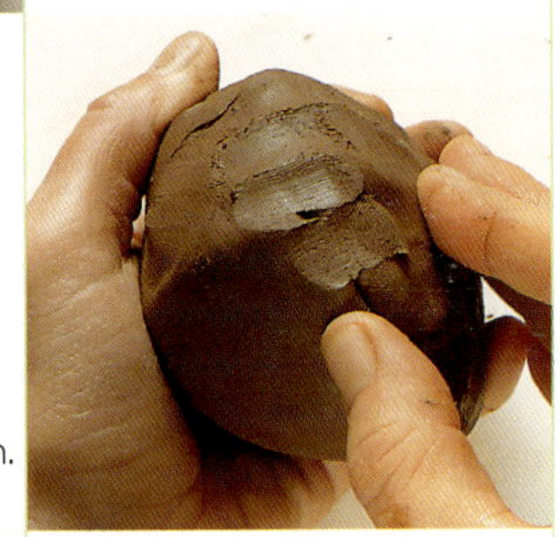

6 Drücken Sie die Naht sorgfältig fest und geben Sie dem Stein die gewünschte Form. Bohren Sie oben ein Loch, damit die Luft beim Brennen entweichen kann. Wenn Sie Papier als Stütze verwendet haben, entfernen Sie dieses jetzt, indem Sie es durch das Loch herausziehen. Fertigen Sie nach Belieben weitere Kieselsteine.

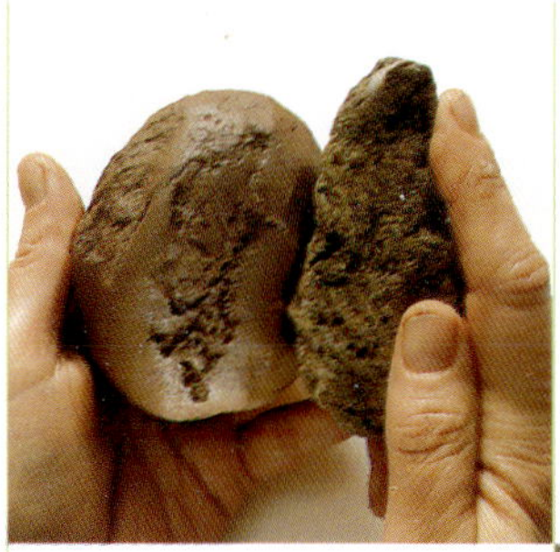

7 Für das Dekorieren von Tonkieseln gibt es mehrere Möglichkeiten. Hier wird mit einem natürlichen Stein ein Muster eingraviert. Dabei muss der Tonstein vorsichtig gedreht werden.

8 Auch mit geriffelten oder anders strukturierten Holzstücken erhalten Sie täuschend echte Oberflächenmuster.

9 Ein interessantes Muster entsteht mit Wellpappe. Drücken Sie dieses etwa horizontal auf den Stein.

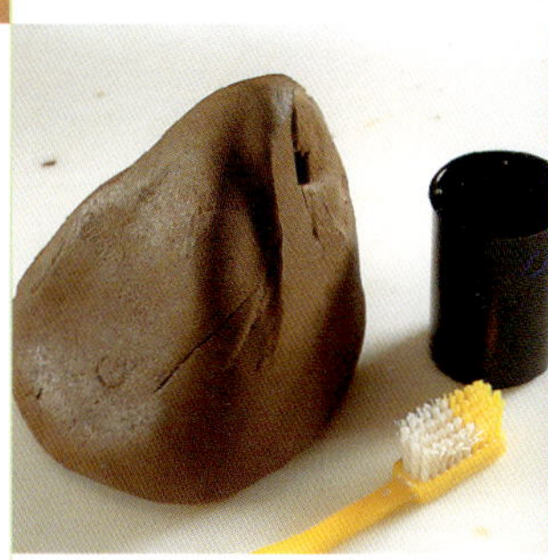

10 Engobe, mit einer alten Zahnbürste aufgespritzt, sieht ebenfalls sehr echt aus. Eine leere Filmdose ist ein idealer Behälter für die Farbe.

11 Tauchen Sie die Zahnbürste in die Engobe und streifen Sie mit den Fingern so über die Borsten, dass die Farbe auf den Tonstein spritzt. Dafür brauchen Sie etwas Platz und eine Unterlage, die bespritzt werden kann. Tauchen Sie die Zahnbürste dann erneut in die Farbe und färben Sie die Unterseite des Steines.

12 Vor dem Brennen müssen die Steine trocknen. Legen Sie zum anschließenden Brennen die Steine mit den Löchern nach oben in den Ofen, sodass die Luft entweichen kann.

13 (unten) Die Tonsteine werden nach dem Schrühbrand mit einem Überzug aus Schuhpolitur und Bienenwachs poliert und sind dann fertig, z.B. für einen kleinen Bonsai-Garten.

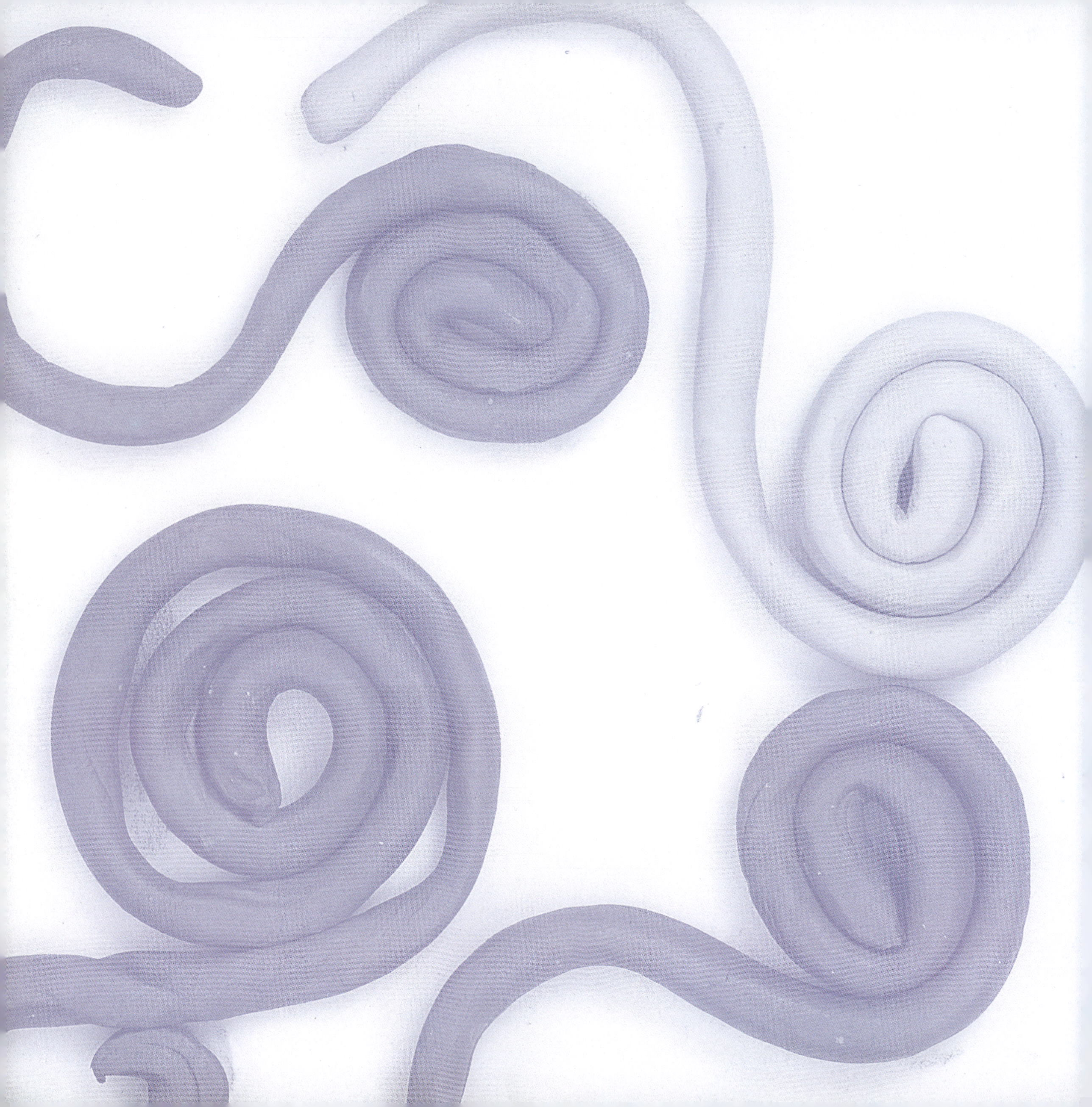

Objekte aus **Tonwülsten**

Es ist ein großer Vorteil dieser Töpfertechnik, dass mithilfe des Aufbaues aus Tonwülsten sehr viele verschiedene Formen, ja sogar Skulpturen, gefertigt werden können, deren Herstellung auf der Töpferscheibe nicht möglich wäre. Für den Anfänger werden hier einige Ideen für einfache Gefäße vorgestellt – eine Flaschenvase, eine Obstschale und ein Windlicht.

Lassen Sie sich genügend Zeit und halten Sie den Ton immer feucht, sodass er leicht zu bearbeiten ist. Besonders beim Hochziehen der Wandung müssen Sie das Material perfekt beherrschen. Oft benötigen Sie etwas Übung, bis die gewünschte Form genau realisiert werden kann und das Gefäß schön gleichmäßig wird. Ärgern Sie sich jedoch nicht, wenn das Ergebnis nicht ganz perfekt geworden ist – handgefertigte Keramiken müssen nicht unbedingt exakt symmetrisch aussehen – oftmals erhöhen etwas eigenwillige Formen sogar die Wirkung.

Flaschenvase

Der schlanke Hals dieser aus Tonwülsten aufgebauten Vase besteht aus lauter kleinen Tonringen. Die Größe der Vase können Sie selbst bestimmen. Brechen Sie jeden Wulst ab, wenn der Ring geschlossen ist und verstreichen Sie den Ton an den Fugen sehr sorgfältig zu einer glatten Fläche.

Werkzeuge & Zubehör

Ränderscheibe (oder drehbare Tortenplatte)

kleiner Naturschwamm

Modellierhaken

Töpfermesser

Modellierholz

Metallschaber

Poliereisen (oder alte Telefonkarte)

gezahntes Modelliereisen

1 Verwenden Sie einen feuchten Ton, damit keine Risse entstehen. Das Aufbauen aus Tonwülsten ist eine relativ zeitaufwendige Töpfertechnik, bei der das Austrocknen des Tons verhindert werden muss. Legen Sie eine Tonplatte auf die Ränderscheibe und schneiden Sie den runden Gefäßboden aus. Legen Sie darauf den ersten Tonwulst, indem Sie diesen innen mit dem Daumen aufdrücken und außen mit drei Fingern derselben Hand den Ton hochziehen (siehe S. 20 bis 27). Legen Sie in gleicher Weise die nächsten Wülste so auf, dass der bauchige Vasenkörper entsteht.

2 Nach jedem dritten Wulst werden die Fugen mit dem Zeigefinger gründlich verschmiert. Auch dabei können Sie die Form noch etwas beeinflussen. Der bauchige Körper dieser Flaschenvase entsteht, wenn Sie jeden Wulst leicht nach außen versetzt auf den vorherigen auflegen und auch die formende Hand dabei nach außen neigen.

3 Wenn Sie die Fugen mit den Fingern verschmiert haben, glätten Sie die Oberfläche mit einem Metallschaber. Streichen Sie dabei den Schaber senkrecht und waagerecht mit Blick auf die Form, die Sie kreieren wollen. Gleichen Sie unregelmäßige Stellen aus. Glätten Sie jetzt auch die Innenwand der Vase, da diese später nur noch schwer zu erreichen ist.

4 Wenn die Form ungleichmäßig wird, korrigieren Sie dies, indem Sie den nächsten Wulst etwas dicker oder schmaler anfertigen. Fahren Sie weiter fort, nach jedem dritten Wulst die Fugen zu verstreichen und die Oberflächen zu glätten. Fügen Sie dabei zunächst die obersten beiden Wülste und dann die untersten zusammen.

5 Sobald die Vase etwa 10 cm hoch ist, muss die Form wieder nach innen gerichtet werden, indem Sie die Wülste am inneren Rand auflegen. Bei einem Durchmesser von etwa 4 cm beginnen Sie mit dem Vasenhals. Dafür legen Sie die kurzen Ringe jeweils gerade von oben auf. Ungleichmäßige Stellen werden mit dem Töpfermesser ausgeglichen.

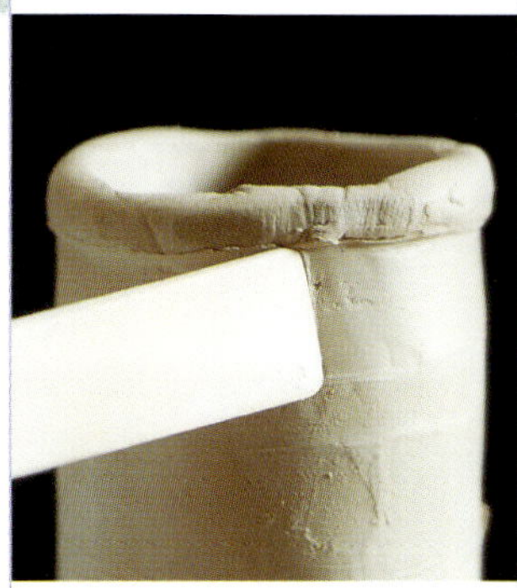

6 Glätten Sie den Hals mit einer alten Telefonkarte, dann wird die Vasenöffnung mit einem Modellierholz geformt. Heben Sie nun die Öffnung mit einem schmalen Zierring hervor und formen Sie diesen zwischen Finger und Daumen. Glätten Sie alles mit einem feuchten Schwamm.

7 Oberhalb des Flaschenbauches wird ein weiterer Zierring geformt.

8 Drücken Sie mit einem flachen Gegenstand mehrere Facetten auf den bauchigen Vasenkörper. Dafür eignen sich z.B. ein Lineal, die Rückseite eines Holzlöffels, ein Spachtel oder ein flaches Holzstück.

9 Prüfen Sie nun die Vasenform kritisch. In vorliegendem Fall sollte die Vase mit einem Fuß erhöht werden.

10 Stellen Sie die Vase dafür kopfüber in ein anderes Gefäß, wobei ein Stück Stoff dazwischen gelegt wird, um die frisch geformte Oberfläche zu schützen.

11 Nun wird mit einem gezahnten Modelliereisen der Vasenboden dort aufgeritzt, wo der Fuß aufgelegt werden soll. Dies raut den Ton auf und bietet dem Fuß mehr Halt. Legen Sie den Tonwulst auf, drücken Sie diesen fest und glätten Sie die Innenseite des Ringes.

12 Mit einer alten Telefonkarte kann die Form des Fußes korrigiert und mit einem Stück Stoff geglättet werden.

13 Nachdem die Vase vorsichtig aus dem zweiten Gefäß genommen wurde, muss der Ton noch vor dem Schrühbrand trocknen.

14 Bemalen Sie die Facetten am Flaschenbauch mit skizzenhaften Blüten aus kobaltblauer Unterglasurfarbe. Jede Facette wird mit einem Rahmen versehen, um den Anschein einzelner Medaillons zu erwecken.

15 Heben Sie die Zierringe mit waagerechten Linien hervor. Diese Linien werden anschließend mit senkrechten Linien am Flaschenhals verbunden.

16 Der Hintergrund wie auch die Flaschenöffnung werden mit Farbe ganz ausgemalt.

17 Zum Glasieren halten Sie die Vase vorsichtig an der Flaschenöffnung fest und tauchen sie in den Glasureimer.

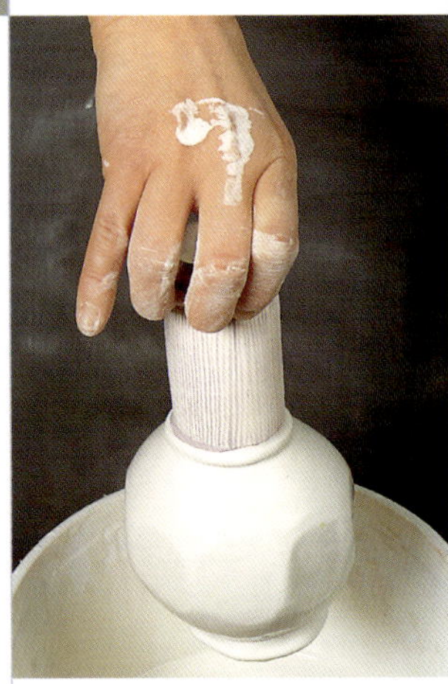

18 Wenn Sie die Vase wieder hochziehen, schütteln Sie vorsichtig überschüssige Glasurtropfen ab. Nun werden die Glasurreste am Boden mit einem feuchten Schwamm abgewischt.

19 Bevor die Innenseite der Vase glasiert wird, muss die an der Außenseite aufgebrachte Glasur ein bis zwei Minuten antrocknen. Füllen Sie dann etwas Glasur in die Vase und schwenken Sie diese mehrmals. Gießen Sie die Glasur unter leichtem Schütteln wieder aus.

20 Halten Sie nun die Vase am Fußring fest, sodass Sie den Hals in die Glasur tauchen können. Beim Herausziehen sind wieder die Tropfen vorsichtig abzuschütteln.

21 Die fertig gebrannte Vase mit elegantem, leicht orientalischem Flair.

Obstschale

***D**ie traditionellen irdenen Farben und das einfache, mit einem Holzstück eingravierte Dekor verleihen dieser Obstschale ein ethnisches Aussehen. Sie kann natürlich auch als Salatschüssel, beim Grillen oder zum Servieren von Reis oder Pasta Verwendung finden.*

Werkzeuge & Zubehör

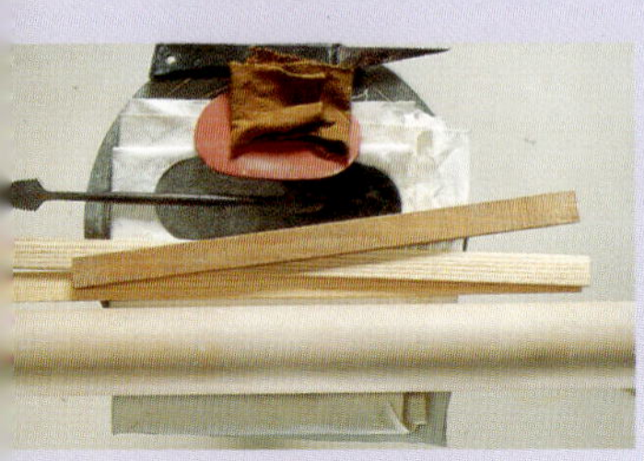

Töpfermesser

Ränderscheibe (oder drehbare Tortenplatte)

Leinen- oder Baumwollstoff

Holzleisten

Tonroller

Polierleder

Gummischaber

Metallschaber

gezahntes Modelliereisen

1 Rollen Sie eine Tonplatte aus und schneiden Sie auf der Ränderscheibe den kreisrunden, 15 cm großen Schalenboden aus. Beginnen Sie mit dem ersten Tonwulst, indem Sie den Ton auf der Innenseite mit den Fingern auf den Boden drücken (siehe „Grundtechniken", S. 20 bis 27)

2 Weitere Wülste werden aufgelegt und fest zusammengedrückt.

3 Glätten Sie die Kante mit einem Metallschaber und legen Sie dann weitere Wülste auf, um die Schalenform zu öffnen. Es muss darauf geachtet werden, dass die Wülste überall gleich dick sind.

4 Formen Sie mit dem Metallschaber an der Innenwand die Schale weiter aus.

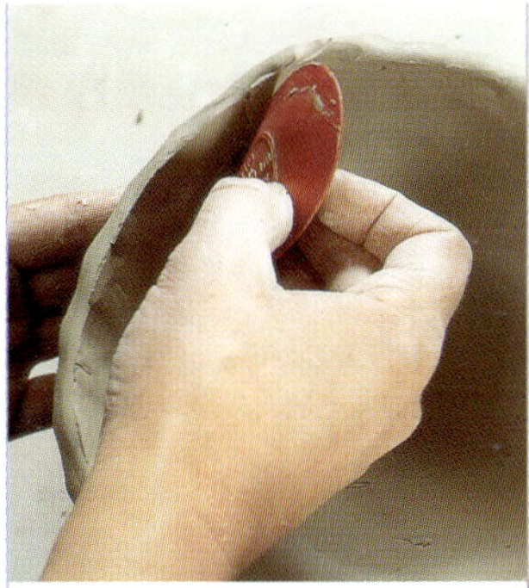

5 Die Innenwand wird sorgfältig mit dem Gummischaber geglättet, damit ein sauberer Abschluss entsteht.

6 Streichen Sie den Ton an der Außenwand mit der Spitze des Zeigefingers glatt. Halten Sie dabei die Schalenwand stets in Form, indem Sie mit der anderen Hand von innen her dagegen drücken.

7 Mit dem Metallschaber wird die Schale außen glatt gestrichen.

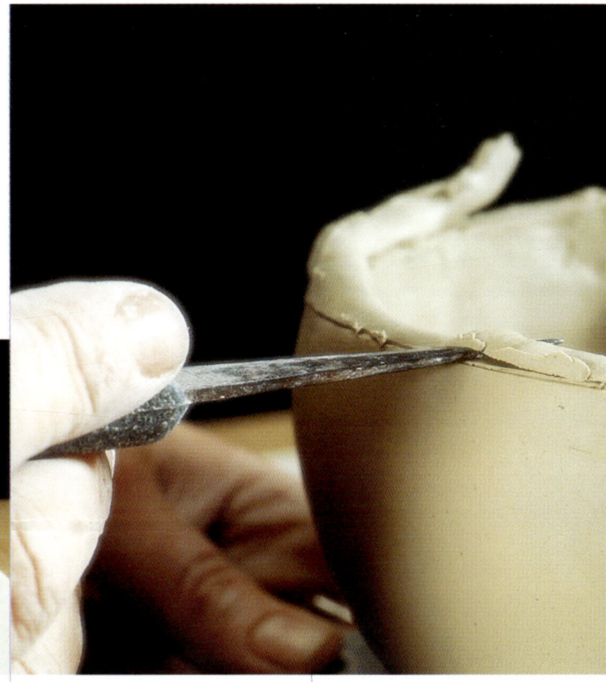

8 Schneiden Sie den Schalenrand durch Drehen der Ränderscheibe mit einem Töpfermesser gerade ab.

9 Glätten und runden Sie den Rand mit einem Stück Stoff. Zum Schluss wird er noch mit einem feuchten Polierleder bearbeitet.

10 Für die Griffe werden aus einer Tonplatte zwei keilförmige Stücke geschnitten. Rauen Sie die entsprechenden Stellen an der Schalenaußenwand mit einem gezahnten Modelliereisen auf.

11 Auch die Griffe an den entsprechenden Kanten werden aufgeraut und mit Tonschlicker bestrichen. Drücken Sie nun jeden Griff vorsichtig an die Schale.

12 Gravieren Sie mit einem ungehobelten Stück Holz ein strukturiertes Band um die Schale.

13 Dieses Band wird verziert, indem Sie die Kante einer Holzleiste im Zickzackmuster eindrücken. Das Muster wird gleichmäßiger, wenn Sie zunächst alle Linien in einer Richtung eingravieren, dann erst in der anderen.

14 Mit der Kante eines Holzstückes wird unterhalb des Schalenrandes eine Zierlinie eingebracht.

15 Das fertige Muster soll einer Reihe von Indianerzelten ähneln.

16 Vor dem Schrühbrand muss die Schale trocknen.

17 Malen Sie mit Unterglasurfarben die unteren Dreiecke abwechselnd grün und braun, anschließend die oberen Dreiecke gelb aus.

18 Die Seiten der Griffe werden grün angemalt. Der Schalenrand wird braun bemalt.

19 Fügen Sie nun noch zusätzliche Zierlinien unterhalb der Dekorleiste hinzu. Malen Sie gelbe, grüne und braune Kreise unterschiedlicher Größe in das Zentrum des Schaleninneren.

20 Nun ist die verzierte Schale fertig zum Glasieren.

21 Glasieren Sie die Außenwand, indem Sie diese mit der Glasur begießen. Die Tropfen werden abgeschüttelt. Anschließend wird der Boden mit einem feuchten Schwamm abgewischt.

22 Nach dem Antrocknen der Außenglasur wird Glasur in die Schale gefüllt. Schwenken Sie die Schale und gießen Sie die Glasur wieder aus. Unglasierte Stellen können mit dem Pinsel nachgebessert werden.

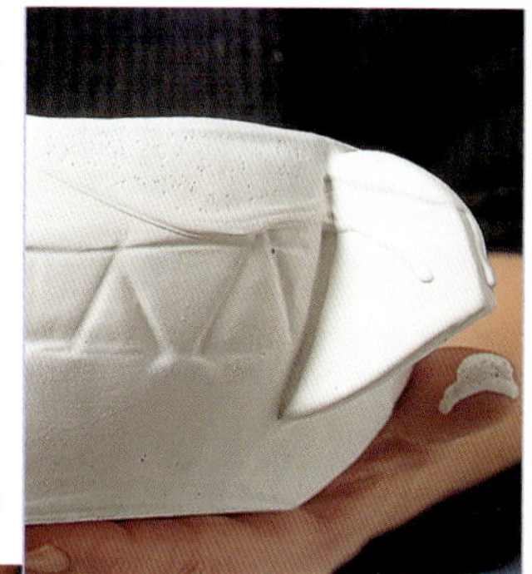

23 Die glasierte Schale ist fertig zum Brennen.

24 Durch die glänzende Glasur werden die geometrischen Linien des Dekors noch betont.

Wind**licht**

***E**in Windlicht verströmt ein warmes, gemütliches Licht und verleiht einem geselligen Abend eine ganz besondere Atmosphäre. Die Form dieses Tonwindlichtes erinnert etwas an die einer Mohnkapsel. Lassen Sie aus Sicherheitsgründen das Windlicht niemals unbeaufsichtigt und halten Sie es außer der Reichweite von kleinen Kindern.*

Werkzeuge & Zubehör

Töpfermesser

Ränderscheibe (oder drehbare Tortenplatte)

Leinen oder Baumwollstoff

Holzleisten

Tonroller

Modellierhaken

Gummischaber

Metallschaber

Lochschneider

Plätzchenform

gezahntes Modelliereisen

1 Rollen Sie eine Tonplatte aus und schneiden Sie daraus eine kreisrunde, 9 cm große Grundplatte. Der erste Wulst wird aufgelegt, indem der Ton fest mit den Fingern auf die Platte gedrückt wird (siehe „Grundtechniken", S. 20 bis 27). Legen Sie weitere Tonwülste auf und glätten Sie dabei jeweils die Innenwand mit dem Gummischaber. Aufgrund der geschlossenen Form des Gefäßes kann diese zu einem späteren Zeitpunkt nicht mehr erreicht werden.

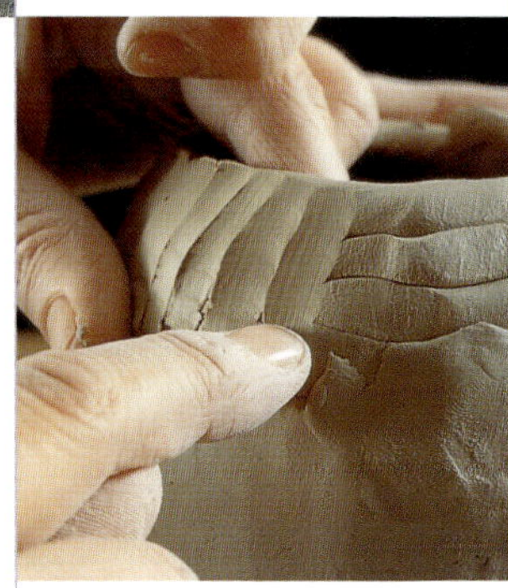

2 Durch Aufbauen weiterer Tonwülste, die immer etwas nach innen versetzt werden, schließen Sie das Gefäß wieder zu einer bauchigen Form. Halten Sie den Ton feucht, damit sich keine Risse bilden. Die Außenwand wird mit der Spitze des Zeigefingers geglättet, wobei sie von innen mit der anderen Hand abgestützt wird.

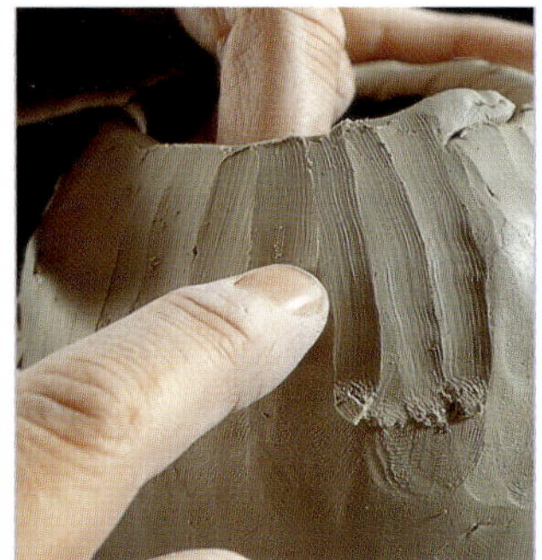

3 Mit den letzten Ringen wird der Durchmesser immer kleiner. Auch hierbei ist die Außenwand ständig mit den Fingern zu glätten.

4 Bearbeiten und glätten Sie die Außenwand zum Schluss mit dem Metallschaber.

5 Mit dem Modellierhaken können Sie auch die Innenwand abschließen.

6 Die Öffnung des Windlichtes wird mit einem Stück Stoff abgerundet.

8 So sieht die fertige Öffnung aus.

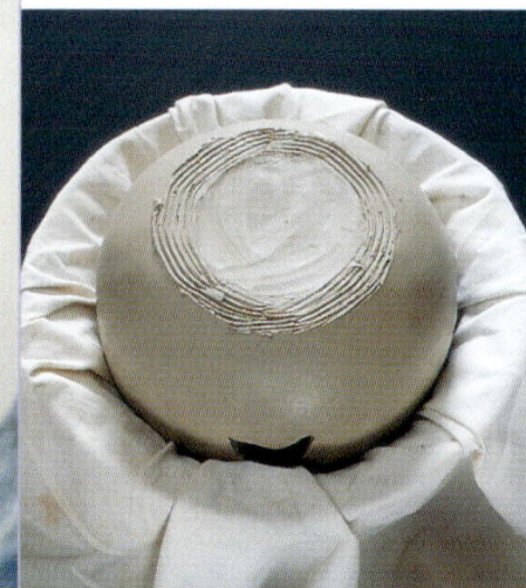

10 Stellen Sie das Windlicht kopfüber in ein größeres Gefäß und rauen Sie den Boden für den Fuß mit einem gezahnten Modelliereisen auf.

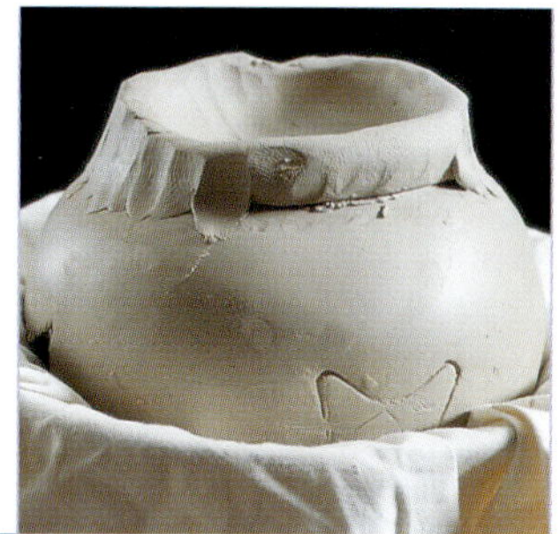

11 Ein Tonwulst wird vorsichtig auf den Boden aufgedrückt und mit den Fingern geglättet. Dabei kann gleichzeitig die Form korrigiert werden.

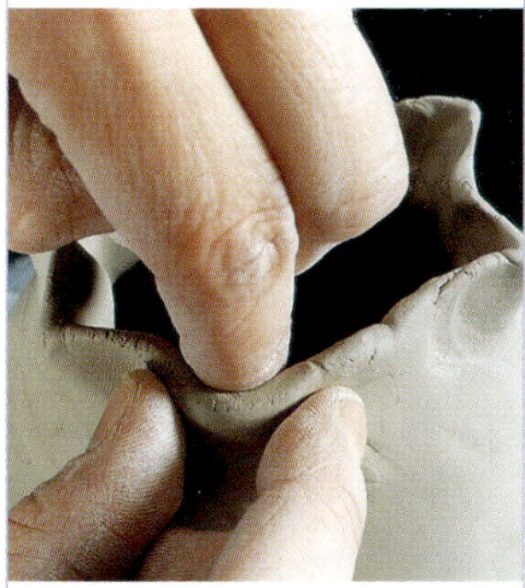

7 Fertigen Sie die sternförmige Öffnung, indem Sie von innen mit dem Zeigefinger Wölbungen ausdrücken und diese von außen mit Finger und Daumen der anderen Hand leicht zusammenpressen.

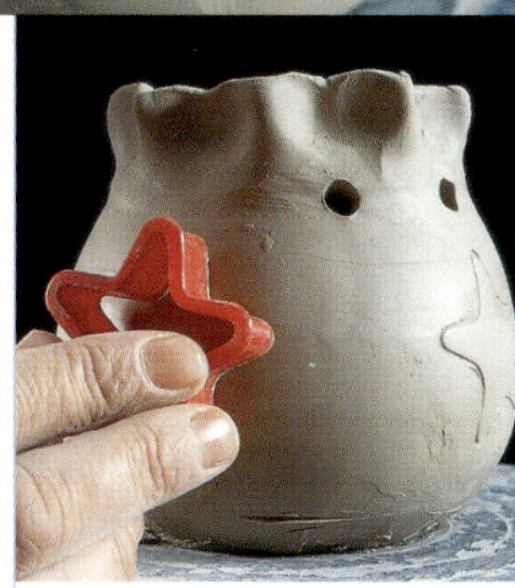

9 Bohren Sie mit einem Lochschneider oder einem dicken Strohhalm unterhalb der Öffnung sauber ausgerandete Löcher in den Ton. Nun werden mit der Plätzchenform die Sternmuster markiert. Schneiden Sie die Sterne aber noch nicht aus, denn der Ton ist jetzt noch zu weich und sollte erst noch etwas antrocknen.

12 Glätten Sie die Innenseite des Fußringes und verstreichen Sie außen mit einem Metallschaber die Fuge.

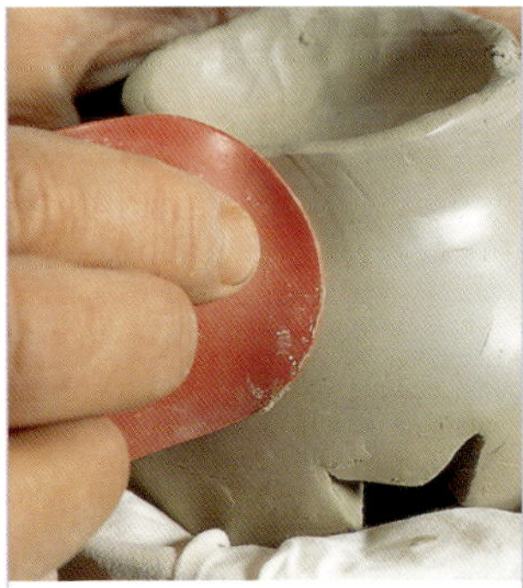

13 Anschließend wird die Oberfläche sowohl innen als auch außen noch mit einem Gummischaber bearbeitet.

14 Inzwischen ist der Ton trocken genug, um mit dem Töpfermesser die Sterne herauszuschneiden.

15 Ziehen Sie den Stern aus der Öffnung, indem Sie das Messer hineinstechen.

16 Das Windlicht muss nun bis zum Rohbrand gut durchtrocknen.

17 Nun werden die Innenwände blau gemalt, dann die kleinen Punkte auf der Außenseite gelb. Auch die Öffnung und die Innenwände der Sternöffnungen werden gelb angemalt. Färben Sie eine Hälfte des Windlichtes blau und heben Sie die Sterne und die Ränder der gelben Punkte schwarz hervor.

18 Bemalen Sie die andere Hälfte des Windlichtes.

19 Fassen Sie den Fuß und die gelben Flächen mit Schwarz ein.

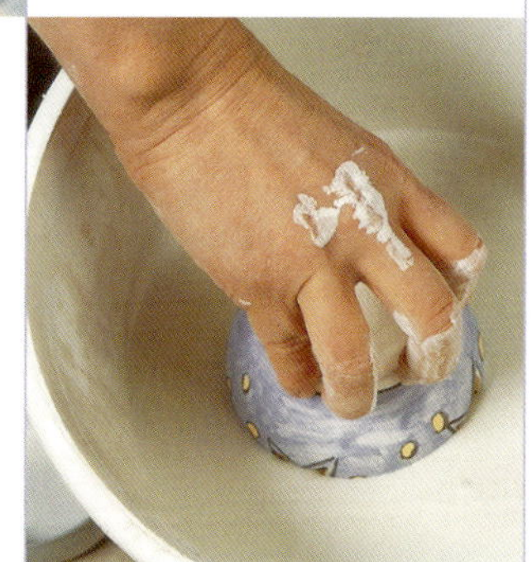

20 Zum Glasieren wird das Windlicht am Fußring festgehalten und in die Glasur getaucht.

21 Durch die vielen Öffnungen wird dabei auch gleichzeitig die Innenwand glasiert.

22 Bessern Sie unglasierte Stellen mit dem Pinsel aus.

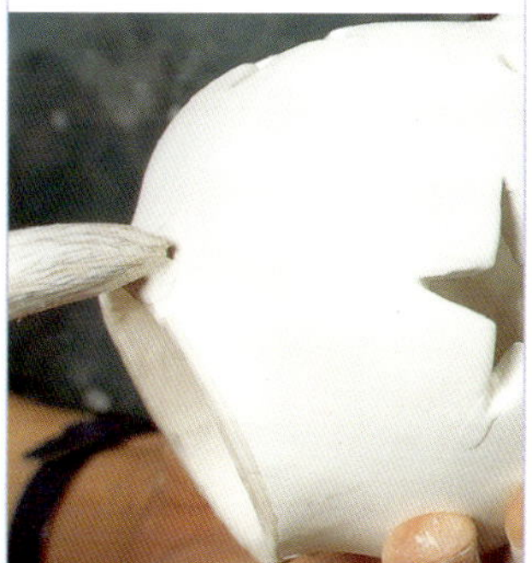

23 Hier wurde abweichend die Innenfläche gelb gestaltet.

Objekte aus **Tonplatten**

Ausgerollte Tonplatten werden für den Boden frei geformter oder aus Tonwülsten aufgebauter Gefäße immer wieder benötigt. Rechteckige Gefäße oder Figuren werden aber auch vollständig aus solchen Tonplatten gefertigt. Auf diese Weise lassen sich viele hübsche Keramiken wie Kacheln, Kästchen oder Bilderrahmen aus ganz einfachen rechteckigen Tonplatten aufbauen. Manchmal ist es dabei praktisch, mit einer Tonschablone zu arbeiten, wie etwa bei dem Büfettteller und der Seifenschale, bei denen der Ton fast von selbst die gewünschte Form annimmt.

Auch für die Buchstützen benötigen Sie zwei große Tonplatten; beim Windspiel und der Ikebana-Vase werden die Platten schließlich zu Zylindern zusammengerollt. Kinder lieben es besonders, Formen auszuschneiden – im Folgenden finden Sie einige Ideen für hübschen Baumschmuck, ein Damespiel, Schachfiguren und ein Mobile.

Büfett**teller**

Mithilfe einer Tonschablone können Sie aus einer Tonplatte mehrere gleich große Gefäße herstellen. Die Tonschablone lässt sich ganz leicht fertigen, indem Sie einfach eine Tonplatte in der gewünschten Größe mit einem Griff versehen und brennen. Dieser Büfettteller wird mittels eines Schwammes mit Engobe bedruckt und dieses Muster dann mit farbigen Linien umrandet.

Werkzeuge & Zubehör

Leinen- oder Baumwollstoff

Holzleisten

Tonroller

Töpfermesser

große Tonschablone

Engoben (grün und schwarz)

Malhörnchen

quadratischer Schwamm

kleiner Naturschwamm

Pinsel

1 Rollen Sie eine Tonplatte auf einem Stück Stoff aus (siehe „Grundtechniken", S. 20 bis 27) und legen Sie die Tonschablone darauf. Diese Schablone wurde aus einer dicken Tonplatte mit Griff gebrannt. Sie können aber auch ein glatt geschmirgeltes Stück Holz oder einen Teller in der gewünschten Größe verwenden.

2 Schneiden Sie den Ton um die Schablone herum, wobei ein gewisser Rand stehen bleiben muss, der dann als Tellerrand hochgeklappt werden kann.

3 Nun werden mit dem Stoff und einer Holzleiste die Ränder an allen vier Seiten gegen die Schablone gedrückt.

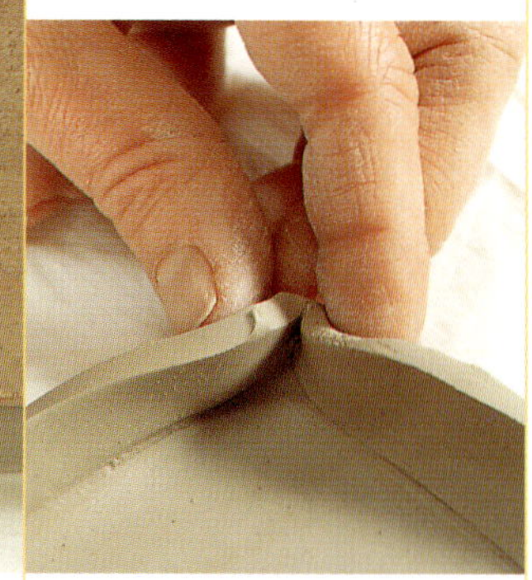

4 Pressen Sie die Ecken zusammen, sodass sie fest miteinander verbunden sind.

5 Runden Sie die Kanten vorsichtig ab, indem Sie mit den Fingern über ein Stück Stoff streichen. Auch die Seiten müssen mit den Fingern geglättet werden.

6 Schneiden Sie vier passende Tonkeile aus und legen Sie diese in die Ecken des Tellers.

7 Die Keile werden oben über den Tellerrand gebogen und unten mit einer Holzleiste fest in die Ecken gedrückt.

8 Mit den Kanten der Holzleiste werden dekorative Kerben in die Tonkeile gedrückt. Diese Zierkeile verstärken nicht nur die Ecken, sondern verbergen auch die Fugen.

9 Bestreichen Sie den quadratischen Schwamm mit einem Pinsel dick mit grüner Engobe. Ein einfacher Küchenschwamm reicht völlig aus. Drücken Sie mit dem Schwamm das gewünschte Muster auf den Teller. Dieser Teller wurde mit drei Quadraten verziert. Für jedes Quadrat muss der Schwamm neu mit dem Pinsel eingefärbt werden, um die Flächen gleichmäßig zu bedrucken.

10 Füllen Sie ein Malhörnchen mit schwarzer Engobe und schütteln Sie vorsichtig eventuelle Luftbläschen heraus. Achten Sie darauf, dass die Tülle mit Farbe gefüllt ist. Die Konsistenz der Farbe kann durch Aufspritzen einer Testlinie auf ein Stück Papier geprüft werden. Umranden Sie dann die grünen Quadrate und teilen Sie diese mit Linien in je vier kleine Quadrate. Im Zentrum müssen nun noch jeweils vier Punkte aufgemalt werden.

11 Diese Punkte werden nun mit einem dünnen Pinselstiel zu Tropfen ausgezogen.

12 Umranden Sie den Teller mit einer weiteren Linie. Anschließend muss er bis zum Schrühbrand trocknen.

13 Glasieren Sie den Teller, indem Sie die Glasur gleichmäßig darüber gießen.

14 Der fertige Teller eignet sich als Büfettplatte für jeden Abendtisch.

Seifenschale

Bemalen Sie diese Kombination aus Seifenschale und Zahnbürstenhalter mit leuchtenden Tönen oder Pastellfarben passend zur übrigen Badezimmerausstattung. Die mit einer kleinen Holzschablone geformte Schale kann ohne Ring auch als hübsches Geschenkschälchen für Süßigkeiten oder andere Kleinigkeiten Verwendung finden.

Werkzeuge & Zubehör

- **Leinen- oder Baumwollstoff**
- **Holzleisten**
- **Tonroller**
- **Töpfermesser**
- **kleine Holzschablone**
- **Holzbrett**
- **Lochschneider**
- **kleiner Naturschwamm**

1 Rollen Sie eine Tonplatte aus (siehe „Grundtechniken", S. 20 bis 27) und schneiden Sie aus dieser mithilfe einer kleinen Holzschablone ein Rechteck heraus, wobei um die Schablone ein breiter Rand stehen bleiben muss. Legen Sie die Schablone mit der Tonplatte auf ein Holzbrett.

2 Die Tonplatte wird mit dem Tonroller fest auf die Schablone gedrückt.

3 Die Kanten der Tonplatte biegen sich dann ganz von selbst über den Schablonenrand und bilden die Form der Schale. Achten Sie darauf, dass der Schalenboden gleichmäßig dick ist. Bevor die Füße aufgeklebt werden können, muss die Schale etwas antrocknen.

4 Rauen Sie den Boden an den vier Ecken etwas auf, um die Füße anzusetzen. Drücken Sie kleine Kugeln auf diese Stellen. Zur Befestigung und Dekoration werden die Seiten der Kugeln mit einer Holzleiste flach geformt.

5 Nun wird ein Streifen aus einer Tonplatte geschnitten und zu einem Ring gerollt. Glätten Sie die Fugen mit den Fingern oder einer Holzleiste. Sobald der Ton etwas angetrocknet ist, werden zwei Löcher mit einem Lochschneider gebohrt. Vergrößern Sie diese mit dem Töpfermesser so weit, dass zwei Zahnbürsten hindurchpassen.

6 Rauen Sie die Tonschale an der entsprechenden Stelle auf und drücken Sie den Zahnbürstenhalter fest auf die Platte.

7 Der Zahnbürstenhalter wird an einem Ende der Schale so angeklebt, dass noch Platz für Seife oder eine Zahnpastatube bleibt.

8 Lassen Sie die Schale vor dem Schrühbrand trocknen. Damit sich die Schalenränder nicht nach unten biegen, muss aus Zeitungspapier eine Stütze gebastelt werden.

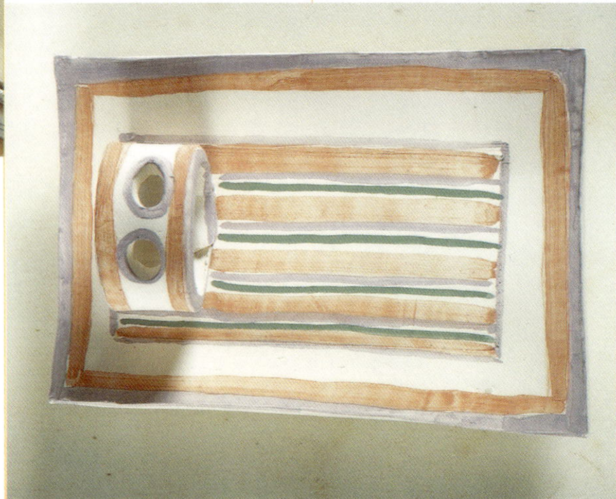

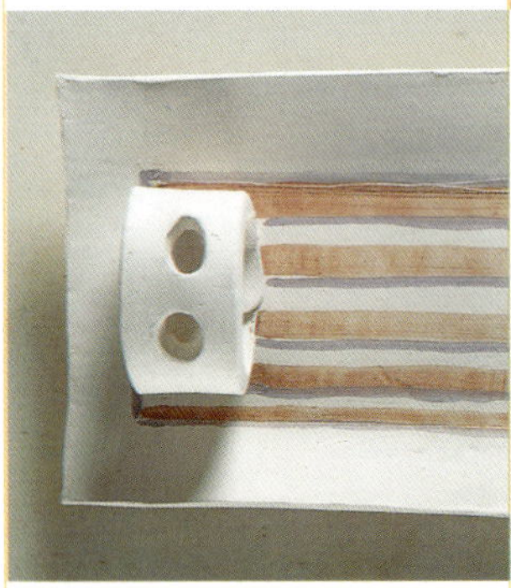

9 Nach dem Brennen wird das Streifendekor aufgemalt. Hier wechseln sich rote Streifen mit dünneren blauen Streifen ab.

10 Malen Sie auch rote und blaue Streifen auf den Zahnpastahalter und auf die Schalenränder.

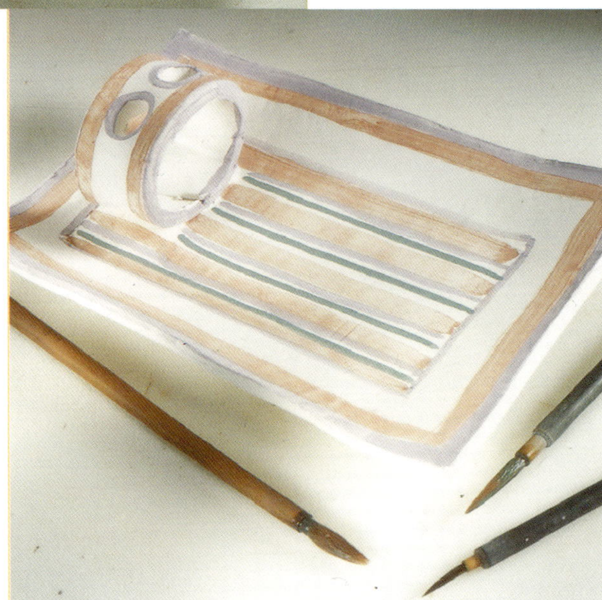

11 Die fertige Bemalung. Japanpinsel können viel Farbe aufnehmen und erzeugen besonders regelmäßige Linien.

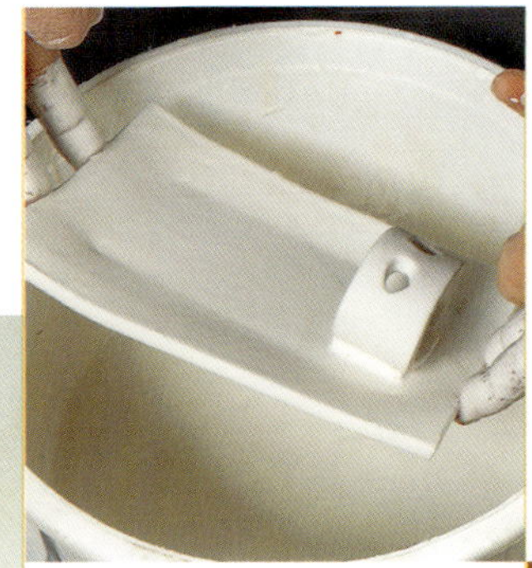

12 Tauchen Sie die Schale in den Glasureimer.

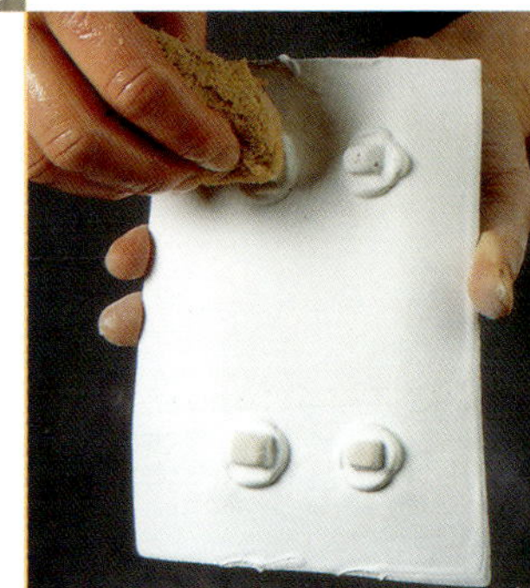

13 Mit einem feuchten Schwamm wird überschüssige Glasur von den Füßen abgewischt. So vermeiden Sie, dass die Schale beim Glasurbrand im Brennofen festklebt.

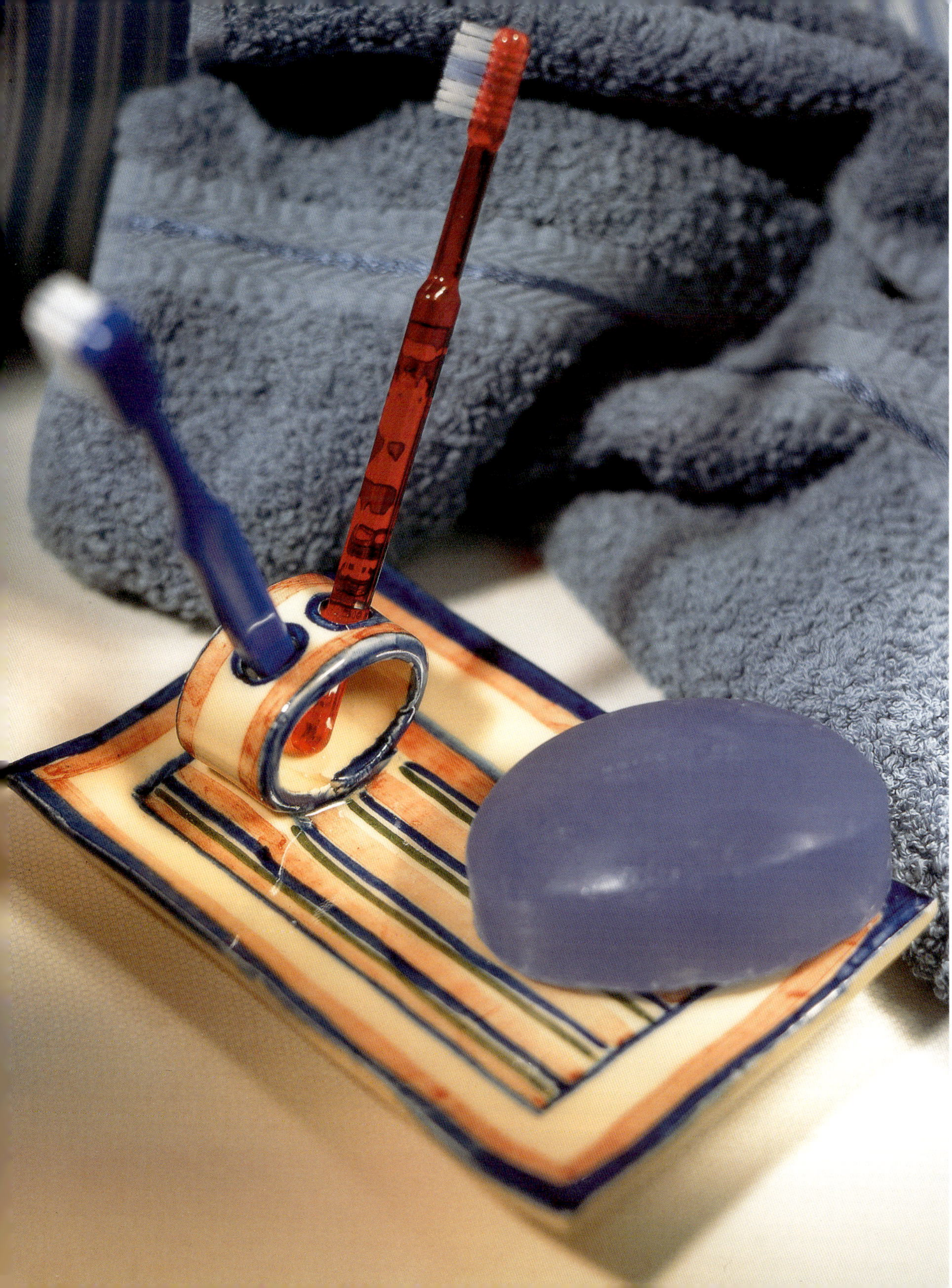

14 Diese gestreifte Seifenschale ist ein praktisches und farbenfrohes Utensil für das Bad.

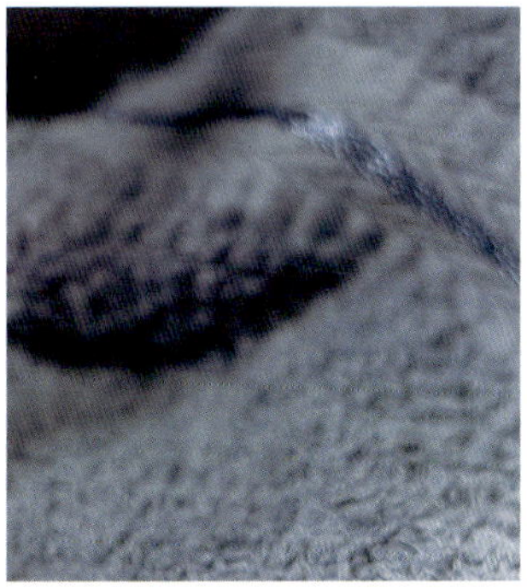

Baumschmuck

Mit selbst gefertigtem Baumschmuck geben Sie Ihrem Haus einen ganz persönlichen Touch. Mit etwas Phantasie können Sie die Formen an ganz spezielle Gelegenheiten anpassen, beispielsweise für eine Party oder ein Jubiläum, oder als kleine individuelle Geschenke für gute Freunde oder Verwandte gestalten.

Werkzeuge & Zubehör

Leinen- oder Baumwollstoff

Holzleisten

Tonroller

Töpfermesser

Lochschneider

kleiner Naturschwamm

Plätzchenformen

Tonstempel und andere Dekorationsutensilien

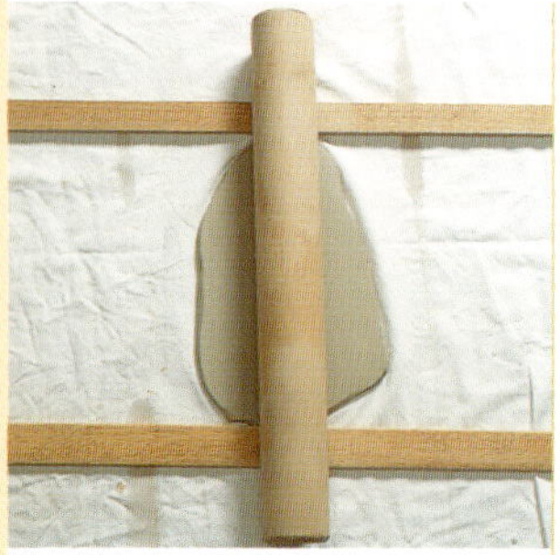

1 Rollen Sie eine Tonplatte aus (siehe S. 20 bis 27) und lassen Sie den Ton antrocknen.

2 Mit Plätzchenformen werden die gewünschten Figuren aus dem noch feuchten Ton ausgestochen. Sie können natürlich auch improvisieren – eine Filmdose mit abgeschnittenem Boden ist ebenfalls eine ideale kreisrunde Form.

3 Dekorieren Sie nun die Formen mit Tonstempeln. Dazu werden die Stempel entweder direkt in den Ton gedrückt oder Sie drücken das Muster zuvor in kleine, abgeflachte Tonkugeln, rauen diese an der Rückseite auf und kleben sie dann mit Schlicker auf die ausgestanzte Figur. Danach wird mit dem Lochschneider in jede Figur ein Loch gebohrt.

4 Lassen Sie die Figuren auf einem Holzbrett trocknen, um zu verhindern, dass sie sich krümmen.

5 Die unglasierten Figuren werden mit einem Glasurbrand gehärtet. An einem Strauß aus Winterzweigen wirken sie besonders dekorativ.

Windspiel

Dieses bunte Windspiel lässt sich ganz einfach herstellen. Hängen Sie es an ein offenes Fenster oder eine Tür, sodass es im Wind sanft schwingt und so angenehme Hintergrundklänge erzeugt. Einen etwas ethnischen Anschein erhält es, wenn Sie für das Windspiel Terracottaton benutzen.

Werkzeuge & Zubehör

Leinen- oder Baumwollstoff

Holzleisten

Tonroller

runde Schablone

Töpfermesser

Lochschneider

gewachste Schnur

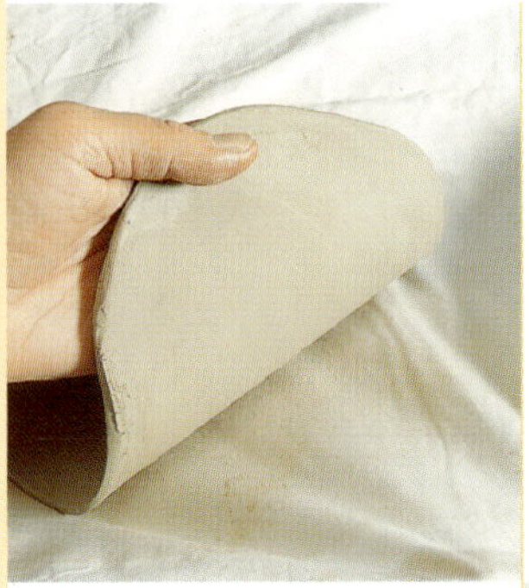

1 Rollen Sie eine Tonplatte auf einem Stück Stoff aus (siehe „Grundtechniken", S. 20 bis 27). Damit beide Seiten geglättet werden, muss die Platte mehrmals auf dem Stoff gewendet werden.

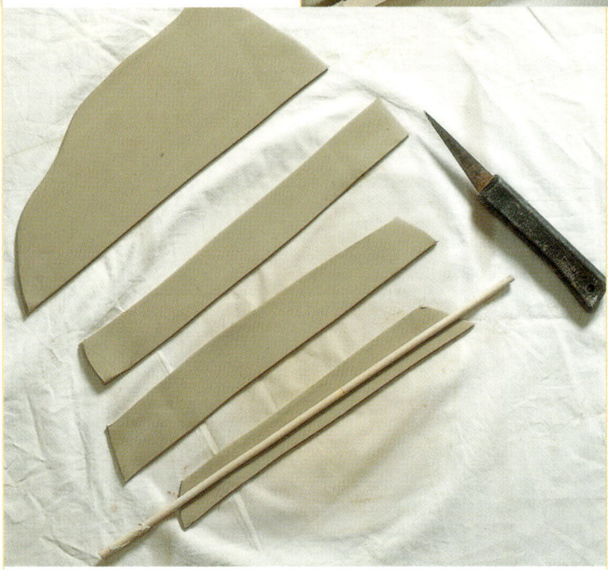

2 Schneiden Sie Tonstreifen in einer solchen Größe zurecht, dass sie mit einer schmalen Überlappungskante um einen 0,5 cm dicken und 30,0 cm langen Holzstab gewickelt werden können. Sie benötigen vier Paar unterschiedlich lange Streifen, um acht Glockenspielflöten herzustellen. Schneiden Sie auch einen ganz kurzen, etwa 7,5 cm langen Streifen für das „Segel".

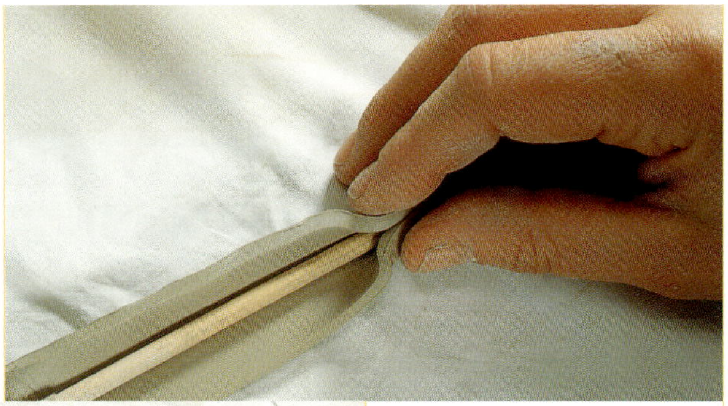

3 Jede Flöte muss einzeln geformt werden. Wickeln Sie dazu jeweils den Tonstreifen um den Holzstab und drücken Sie die Kanten zusammen. Achtung: Es darf kein überschüssiger Ton den Luftkanal blockieren.

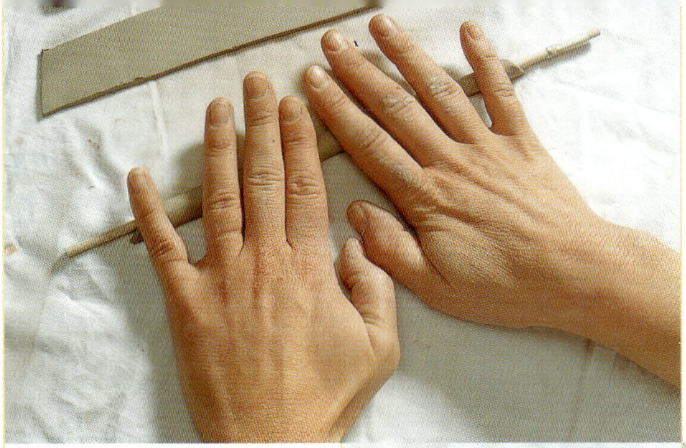

4 Rollen Sie die Tonröhre auf dem Stoff, um die Fugen zu glätten. So löst sich der Ton auch besser vom Holz.

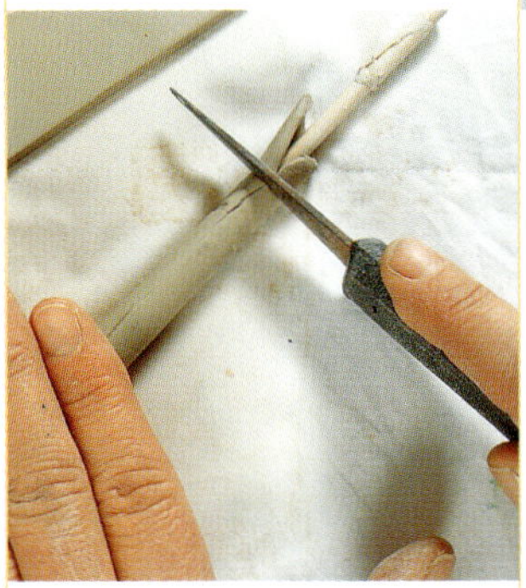

5 Mit dem Töpfermesser wird bei jeder Röhre eine Kante gerade geschnitten, der Ton am anderen Ende bleibt unregelmäßig geformt.

6 Drücken Sie am geschnittenen Ende eine Zierlinie in den Ton, indem Sie die Röhre etwa 2,0 cm unterhalb des Endes unter einem dünnen Holzstück rollen. Das abgetrennte Ende wird jetzt vom Holzstab heruntergeschoben und der Stab aus der Röhre herausgezogen. Nun muss der Ton lederhart antrocknen.

7 Rollen Sie eine Tonplatte aus. Mithilfe einer kreisrunden, etwa 9,0 cm großen Pappschablone wird aus dieser die Scheibe geschnitten, an der die Flöten aufgehängt werden. Für das „Segel" wird eine kleine, etwa 2,5 cm große Scheibe ausgeschnitten. Auch diese beiden Scheiben müssen lederhart antrocknen.

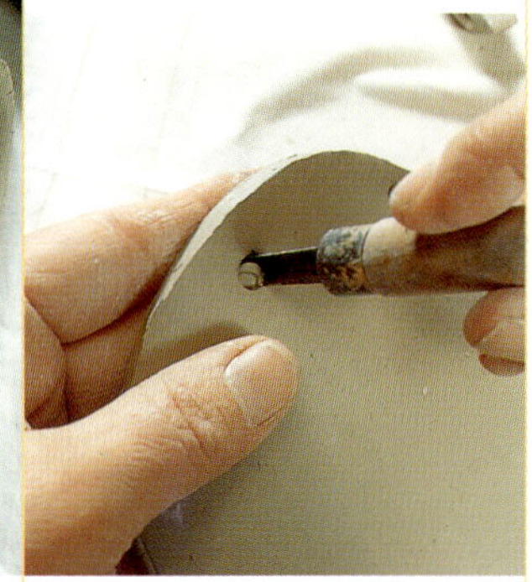

8 Sobald die große Scheibe lederhart ist, werden mit einem Lochschneider die Löcher zum Aufhängen der Flöten gebohrt. Außerdem muss zum Aufhängen des „Segels" jeweils ein Loch im Zentrum der großen Scheibe und der kleinen Scheibe gebohrt werden.

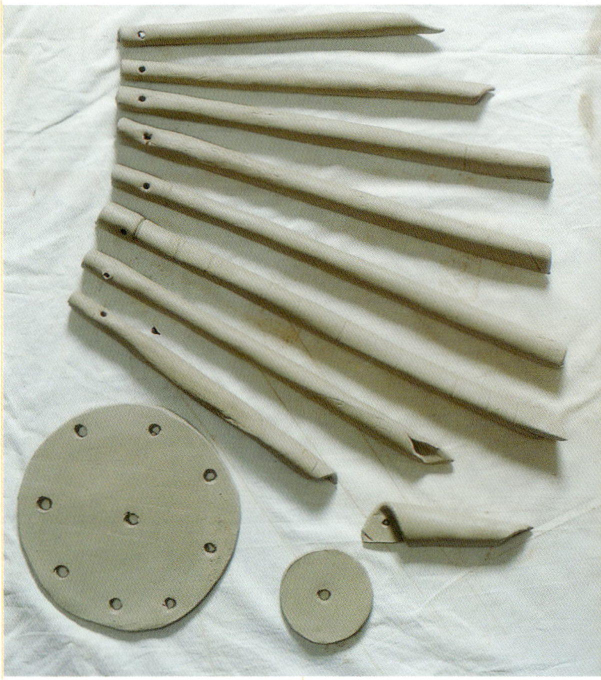

9 Wenn die Flöten lederhart sind, können ganz nach Belieben Muster eingeritzt werden. Zum Anbringen der Aufhängung müssen an den oberen Enden der Flöten und des „Segels" kleine Löcher gebohrt werden.

10 Legen Sie alle Teile bis zum Schrühbrand zum Trocknen aus.

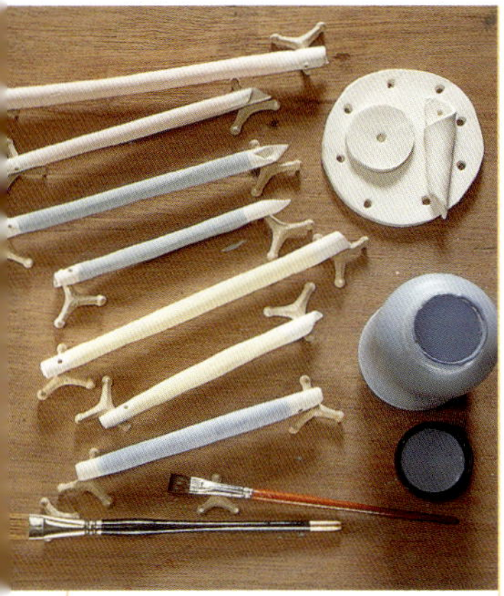

11 Nun kann das Windspiel mit dem Pinsel in leuchtenden Farben bemalt werden. Legen Sie die Flöten auf Dreifüßen in den Brennofen, sodass Sie sich nicht gegenseitig berühren oder an den Unterlagen bzw. anderem Brenngut kleben.

12 Befestigen Sie die Teile mit gewachster Schnur. Das fertig gestellte Windspiel kann beispielsweise an einem Fenster oder einer Tür aufgehängt werden.

Mobile

Ein Mobile aus Schmetterlingen und Vögeln, die unter einer Wolke fliegen, aus der sich ein Regenbogen erhebt – das ist etwas für Kinder jeden Alters. Selbst ganz kleine Kinder finden Gefallen an diesem Töpferprojekt, denn es ist einfach und macht Spaß. Sie können natürlich auch ein Mobile mit ganz anderen Motiven kreieren – schöpfen Sie ganz aus Ihrer Phantasie.

Werkzeuge & Zubehör

Leinen- oder Baumwollstoff

Holzleisten

Tonroller

Schablonen

Töpfermesser

Plätzchenformen

Modellierholz

Pinsel

gewachste Schnur

1 Fertigen Sie eine Pappschablone für den oberen Teil des Mobiles. Mit einigen Skizzen können Sie ausprobieren, was Ihnen am besten gefällt. Nun wird eine Tonplatte ausgerollt (siehe „Grundtechniken", S. 20 bis 27) und dabei mehrmals auf dem Stoff gewendet, damit beide Seiten schön glatt werden. Legen Sie die Pappschablone auf den Ton und schneiden Sie die Form sauber aus.

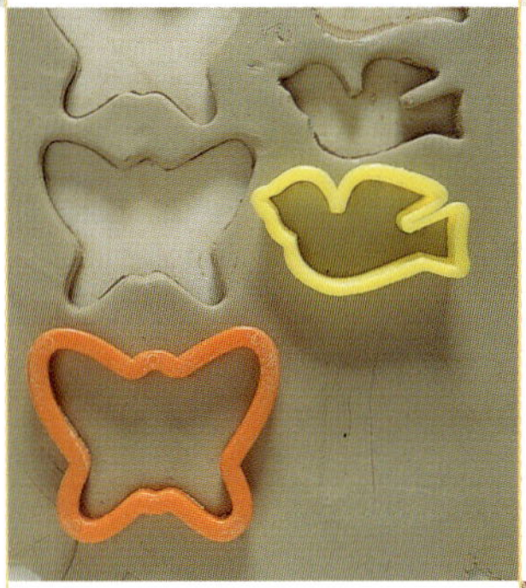

2 Rollen Sie eine zweite Tonplatte aus, die ebenfalls mehrmals auf dem Stoff gewendet wird, sodass sie mit den Fingern geglättet werden kann. Mit Plätzchenformen werden die Vögel und Schmetterlinge oder anderen gewünschten Figuren ausgestanzt.

3 Säubern Sie unregelmäßige und raue Ränder mit dem Töpfermesser. Sie können auch die ganze Form mit dem Messer nachziehen, um die Konturen zu verdeutlichen.

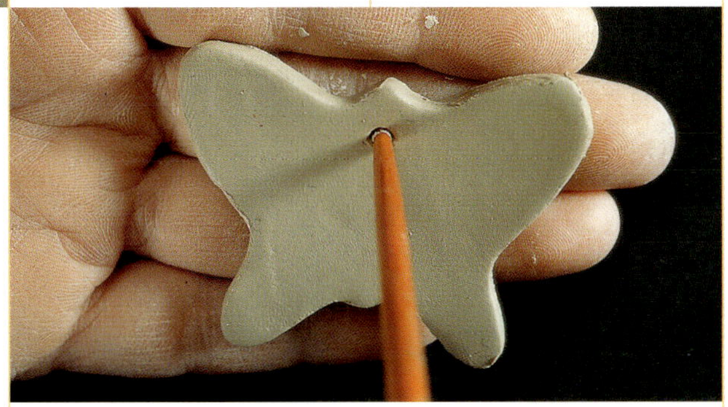

4 Nun werden mit einem Pinselstiel die Löcher zum Aufhängen gebohrt. Es wird jeweils ein Loch oben und eines unten benötigt. Lediglich die jeweils untersten Figuren benötigen nur ein Loch im oberen Teil.

5 Versehen Sie die Figuren beliebig mit Details. Hier werden die Schwanzfedern der Taube mit einem Modellierholz angedeutet. Ein kleines Loch ist das Auge.

6 Lassen Sie die einzelnen Teile vor dem Schrühbrand auf einem Holzbrett trocknen.

7 Nach dem Bemalen und Glasieren wird das Mobile mit gewachster Schnur aufgehängt.

Kacheln

Handgefertigte Kacheln haben immer einen besonderen Charme. Die folgenden Kacheln werden mithilfe eines Malhörnchens mit Engobe bemalt. Sie können das Muster aber auch mit dem Pinsel auftragen oder eine beliebige Dekorationstechnik ausprobieren, die Sie in den anderen Projekten finden. Experimentieren Sie einfach mit Farben und Ornamenten.

Werkzeuge & Zubehör

Leinen- oder Baumwollstoff

Holzleisten

Tonroller

Töpfermesser

Zahnarztwerkzeug

kleiner Naturschwamm

Engoben (gelb, grün und braun)

Malhörnchen

Pinsel oder Feder

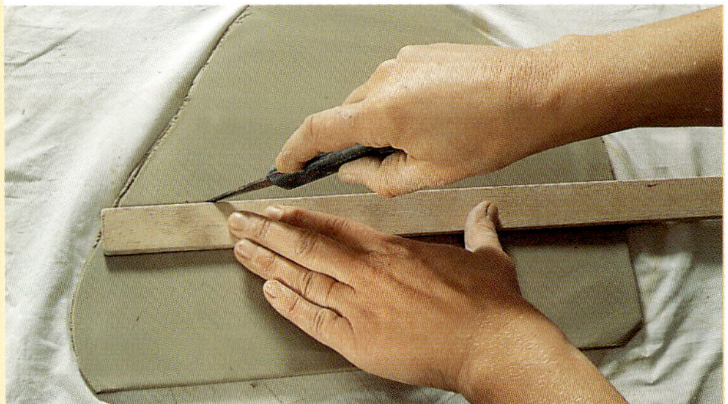

1 Rollen Sie eine Tonplatte aus (siehe „Grundtechniken", S. 20 bis 27) und schneiden Sie exakte Quadrate für die Kacheln zu. Um gerade Kanten und exakte Maße der Kacheln zu gewährleisten, sollte eine Holzleiste als Hilfe verwendet werden. Die Kacheln müssen genau ausgemessen werden.

2 Nun werden die Tonplatten vom Stoff abgezogen. Begradigen Sie die Kanten mit einem Messer und säubern Sie die Ecken, indem Sie diese mit einem Stück Stoff glattstreichen. Dann werden die Kacheln zum Prüfen umgedreht.

3 Perforieren Sie die Rückseiten der Kacheln mit einem Zahnarztwerkzeug, einer Gabel oder einer Stopfnadel. Dies bewirkt ein schnelleres Trocknen des Tons und verhindert, dass er sich zu sehr wölbt (kommerzielle Kacheln haben auf der Rückseite Rillen, damit während des Herstellungsprozesses die Luft zirkulieren kann).

4 Dekorieren Sie nun die erste Kachel. Dazu wird das Malhörnchen mit gelber Engobe gefüllt und vorsichtig geschüttelt, um eventuelle Luftblasen zu entfernen. Achten Sie darauf, dass die Tülle ganz mit Farbe gefüllt ist. Auf einem Stück Pappe wird die richtige Konsistenz der Farbe geprüft. Beginnen Sie dann mit Querlinien auf der Kachel.

5 Ziehen Sie nun Längslinien im rechten Winkel zu den Querlinien.

6 Ein weiteres Malhörnchen wird mit brauner Engobe gefüllt, geschüttelt und die Farbe wie oben beschrieben geprüft. Malen Sie einen Farbtupfer in jedes Quadrat.

7 Verbinden Sie die Farbtupfer in beiden Richtungen mit einem Pinselstiel. Sie können dafür auch in traditioneller Art eine Feder benutzen.

8 Auf einer anderen Kachel wird mit grüner Farbe eine Zickzacklinie gezogen. Prüfen Sie auch hier zuvor die Konsistenz der Farbe.

10 Eine dritte Kachel wird mit einem braunen Kreuz in vier gleich große Quadrate geteilt. Füllen Sie dann eines der Quadrate mit senkrechten Linien.

12 Teilen Sie die vierte Kachel mit gelben Linien in vier gleich große Dreiecke, die dann jeweils mit vier kleineren grünen Dreiecken gefüllt werden.

13 In die Spitzen der grünen Dreiecke, in das Zentrum der Kachel und in die Ecken werden braune Punkte gemalt.

9 Zwischen die Linien werden gelbe Tupfen gesetzt.

11 Bemalen Sie auch das gegenüberliegende Quadrat mit senkrechten Linien, die übrigen zwei Quadrate dagegen mit waagerechten.

14 Nun sind die Kacheln fertig für den Schrühbrand, das Glasieren und den Glasurbrand.

15 Dekorieren Sie weitere Kacheln, um ein komplettes Set aus acht Kacheln zu erhalten.

16 Die glasierten Kacheln können sofort verlegt werden – vielleicht als ganz individuelle Note für Ihre Küche?

Ikebana-Vase

Ikebana, die traditionelle japanische Kunst des Blumenarrangements, lebt von schlichten und natürlichen Formen. Eine schlanke Vase ist ein ideales Gefäß für ein oder zwei Zweige. Mit ihren natürlichen Farben und Ornamenten passt sie gut zu den Pflanzen, ohne deren Wirkung zu stören.

Werkzeuge & Zubehör

Leinen- oder Baumwollstoff

Holzleisten

Tonroller

Töpfermesser

Ränderscheibe (oder drehbare Tortenplatte)

Gummischaber

strukturiertes Holzstück

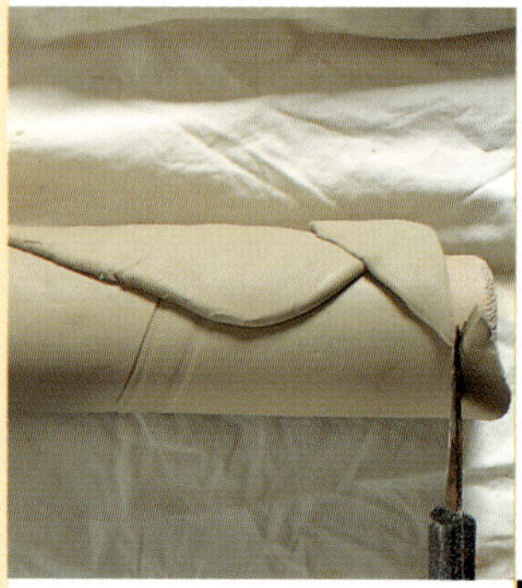

1 Rollen Sie eine dicke Tonplatte aus (siehe „Grundtechniken", S. 20 bis 27) und schneiden Sie eine kreisrunde Bodenscheibe heraus. Rollen Sie anschließend eine dünnere Tonplatte aus und schneiden Sie eine Kante gerade ab. Die andere bleibt rund geformt. Die Tonplatte wird so um den Tonroller gewickelt, dass die runde Kante mit der gerade geschnittenen überlappt. Dann wird die Basis mit einem scharfen Messer begradigt.

2 Stellen Sie den mit dem Ton umwickelten Tonroller auf die ausgeschnittene Bodenplatte.

3 Nun wird mit den Fingerspitzen der Ton von der Bodenplatte hoch über die Vasenwand gezogen, um die Teile zu verbinden. Die Fläche mit dem Gummischaber glätten und die Vase über ein Stück Stoff rollen.

4 Geben Sie der Vase durch senkrechtes Aufdrücken eines geriffelten Holzstückes weitere Struktur.

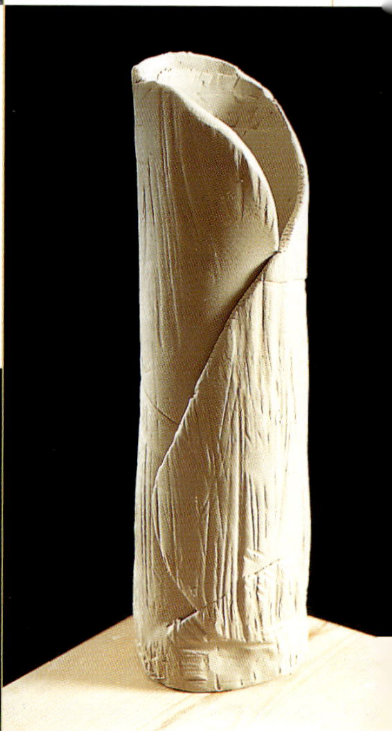

5 Der Tonroller wird vorsichtig herausgezogen. Vor dem Schrühbrand muss die Vase erst noch trocknen.

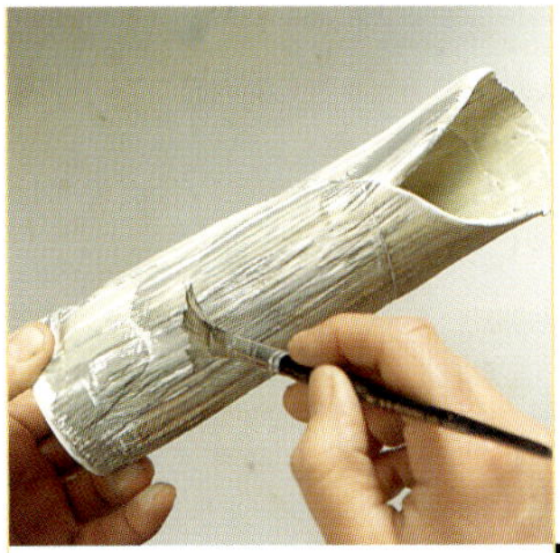

6 Bemalen Sie die Vase innen und außen in natürlichen Farben – schwarz, grau und ocker. Der Pinsel muss dabei stets von unten nach oben in Richtung der Struktur gestrichen werden.

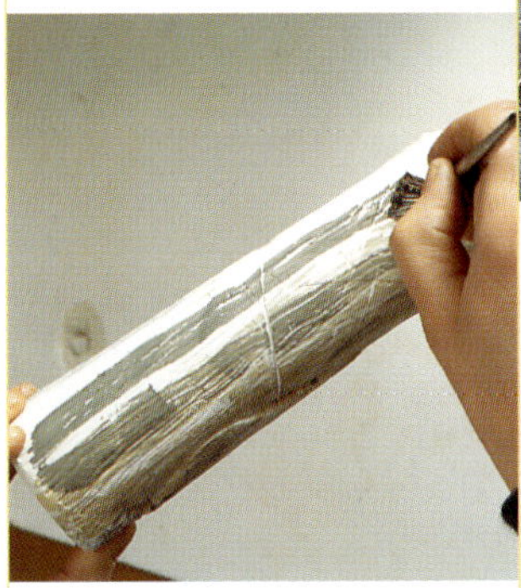

7 Am schönsten wirken rustikale Linien, bei denen die Farbe nur lose aufgetragen wird. Einen interessanten Effekt können Sie auch mit einem Fächerpinsel erzielen.

8 Die dekorierte Vase ist nun fertig zum Glasieren.

9 Zum Schluss wird die Vase innen und außen glasiert, um sie wasserdicht zu machen.

Quadratisches Kästchen

Kleine Kästchen bieten unendlichen Spielraum für verschiedene Dekorationen. Dieses kleine Kunstwerk hat eine mit Engobe eingefasste geriffelte Oberfläche mit eingestanztem Stempelmuster. Es ist sehr wichtig, dass Sie die Einzelteile ganz exakt zuschneiden und sauber zusammenfügen.

Werkzeuge & Zubehör

Leinen- oder Baumwollstoff

Holzleisten

Tonroller

Töpfermesser

Metallschaber

Gummischaber

gezahntes Modelliereisen

kleiner Naturschwamm

Engobe (rotbraun)

Malhörnchen

Tonstempel

Pappschablone

1 Rollen Sie eine Tonplatte aus (siehe „Grundtechniken", S. 20 bis 27). Achten Sie darauf, dass die Oberfläche glatt und eben ist. Mithilfe einer Pappschablone werden sechs identische Quadrate ausgeschnitten. Die hier verwendete Schablone hat eine Größe von 9,0 x 9,0 cm.

2 Die Ränder der Bodenplatte, auf denen die Seitenwände stehen sollen, müssen mit einem gezahnten Modelliereisen aufgeraut und anschließend mit Schlicker bestrichen werden.

3 Setzen Sie nun die Seitenteile auf die Bodenplatte. Die Kanten müssen dort, wo sie mit den Nachbarwänden zusammengefügt werden sollen, aufgeraut werden. Drücken Sie die erste Seitenwand gerade auf die Bodenplatte.

4 Stellen Sie nun die zweite und dritte Wand auf. Die Ecken können ruhig etwas überstehen, sie werden später beim Bearbeiten der Fugen abgeschnitten. Die vierte Seite ist etwas kürzer. Messen Sie die gewünschte Größe aus und schneiden Sie vor dem Zusammensetzen überschüssigen Ton ab.

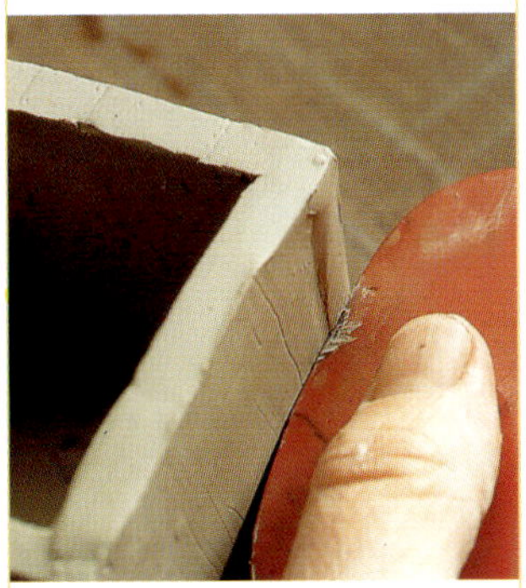

5 Alle Fugen und Ecken werden geglättet, erst mit einem Metallschaber, dann mit dem Gummischaber, damit die Oberfläche perfekt abschließt.

6 Schneiden Sie zwei schmale Streifen aus der Tonplatte, die den Deckel auf dem Kästchen halten sollen. Die Unterseite des Deckels wird an den für die Streifen vorgesehenen Stellen mit dem Modelliereisen aufgeraut und mit Schlicker bestrichen. Auch die Kanten der Tonstreifen werden vor dem Ansetzen an den Deckel aufgeraut.

7 Nun wird eine Tonrolle für den Griff geformt. Ritzen Sie mit der Kante einer Holzleiste ein regelmäßiges Muster ein, damit er wie ein Seil aussieht.

8 Drücken Sie den Griff zu einer Schleife gerollt fest auf den Deckel. Mit einem Tonstempel wird ein Muster in die Enden des Griffes graviert.

9 Ritzen Sie das Streifendekor mit dem gezahnten Modelliereisen senkrecht in den Ton. Kleben Sie dann eine kleine Tonkugel in die Mitte jedes Seitenteiles. Sie erhält mit dem Stempel das gleiche Muster wie der Griff. Dies verbindet das Design des Kästchens mit dem des Deckels.

10 Nun wird ein Malhörnchen mit rotbrauner Engobe gefüllt. Schütteln Sie es vorsichtig und testen Sie die Farbe auf einem Stück Pappe. Dann können die Kanten auf dem Deckel nachgezogen werden.

11 Sollten die Linien auf den geriffelten Flächen etwas ungleich aussehen, so ist das kein Grund zur Besorgnis, sondern gehört einfach zur Wirkung dieses hübschen Kästchens.

12 Umranden Sie auch die Seitenteile. Vor dem Schrühbrand muss das Kästchen erst noch trocknen.

13 Glasieren Sie das Kästchen von innen. Dazu wird die Glasur mit einer Kelle eingefüllt, das Kästchen geschwenkt und die Glasur wieder ausgegossen.

14 Tauchen Sie dann das Kästchen in die Glasur, sodass alle Flächen mit Glasur bedeckt werden.

15 Der Deckel wird in die Glasur getaucht und dabei an den angesetzten Tonstreifen festgehalten.

16 Das fertig gebrannte Kästchen.

Buch**stützen**

***D**ieser freundliche Bücherwurm stützt Ihre Lieblingsbücher zuverlässig und ermutigt selbst hartnäckige Lesemuffel zur Lektüre. Die Stützen bestehen aus zwei rechteckigen Tonplatten; der Bücherwurm wird aus einem Tonwulst geformt und mit leuchtenden Farben bemalt. Viel Spaß!*

Werkzeuge & Zubehör

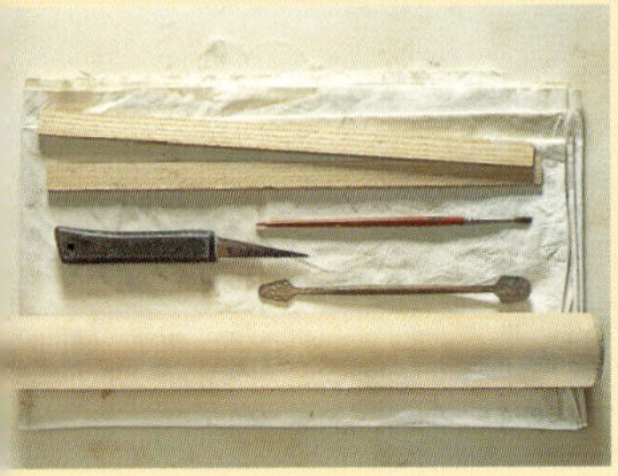

Leinen- oder Baumwollstoff

Holzleisten

Tonroller

Töpfermesser

gezahntes Modellier-eisen

Pinsel

1 Rollen Sie eine Tonplatte aus (siehe „Grundtechniken", S. 20 bis 27). Aus der Platte werden zwei gleich große Rechtecke ausgeschnitten (hier sind sie 26,0 × 11,0 cm groß). Um die Buchstützen zu formen, umwickeln Sie einen Karton mit Aluminiumfolie und legen die Tonplatten dagegen. Die Seiten der Buchstützen sollten etwas höher sein als die Bodenplatte, sodass das Gleichgewicht gewahrt bleibt. Versuchen Sie, einen rechten Winkel herzustellen. Der Ton darf aber nicht zu stark geknickt werden, damit die Platten nicht auseinander brechen.

2 Nun wird ein dicker Wulst für den Bücherwurm gerollt. Beginnen Sie in der Mitte und rollen Sie auf die Enden zu, um den Wulst gleichmäßig zu formen. Der Ton kann auch auf einem Holzbrett ausgerollt werden.

3 Rollen Sie die Kanten einer Holzleiste über die Rolle, um die spiralförmigen Körpersegmente eines Wurmes anzudeuten.

4 Das Ende des Wurmschwanzes muss dabei platt gedrückt bzw. geklopft werden.

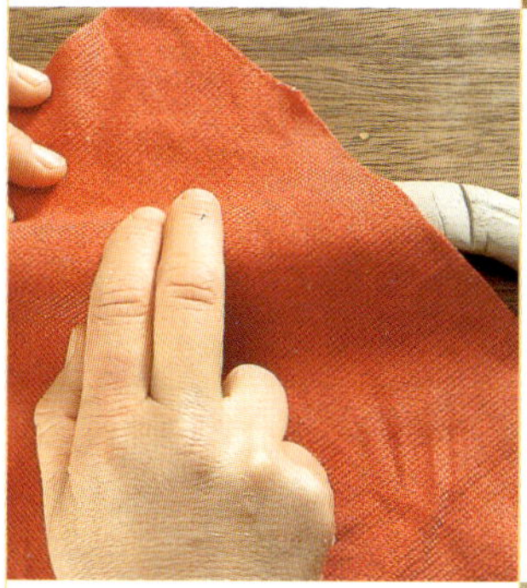

6 Beim Abziehen des Tuches bleibt die Struktur auf dem Ton zurück.

5 Geben Sie dem Wurmkörper mehr Struktur, indem Sie ein Stück groben Stoff auflegen und die Rolle zwischen den Fingern rollen.

7 Halbieren Sie den Wurm in der Mitte. Die Schnittkante des Hinterteiles wird auf den senkrechten Teil der Buchstütze gedrückt. Pressen Sie den Schwanz etwa 5,0 cm vor dem Ende auf die Bodenplatte.

8 Flachen Sie das Kopfende so ab, dass es wie der Kopf eines Wurmes aussieht. Die zweite Buchstütze wird am Seitenteil etwas aufgeraut und an dieser Stelle das Vorderteil des Wurmes angeklebt. Drücken Sie dabei zunächst den Kopf an den Ton und formen Sie eine S-Kurve, sodass der Kopf nach vorn schaut. Rollen Sie dann einen dünnen Tonwulst aus, formen Sie eine Brille und befestigen Sie diese auf dem Wurmkopf.

9 Mit dem Messer wird ein Mund eingeritzt, anschließend werden mit einem Pinselstiel die Augen in die Brillenschlaufen gedrückt.

10 Lassen Sie die Buchstützen vor dem Schrühbrand trocknen.

11 Der Wurm wird mit bunten Streifen bemalt – gelb, blau, grün und rot.

12 Malen Sie die Brille schwarz. Ziehen Sie auch eine dünne schwarze Linie für den Mund.

13 Die Buchstützen werden anschließend blau gefärbt.

14 Die vollständig bemalten Buchstützen vor dem Glasieren durch Eintauchen in die Glasur.

15 Nahaufnahme vom Wurmkopf nach dem Bemalen.

16 Nach dem Glasieren können Sie die Buchstützen sofort in Ihrem Bücherregal einsetzen.

Spielfiguren

***T**raditionelle Brettspiele wie Schach und Dame sind beliebt bei Jung und Alt. Steigern Sie das Spielvergnügen mit selbst gefertigten Figuren. Die folgenden Seiten liefern Ihnen fertige Schablonen, doch Sie können natürlich auch einfach Ihrer Phantasie freien Lauf lassen.*

Werkzeuge & Zubehör

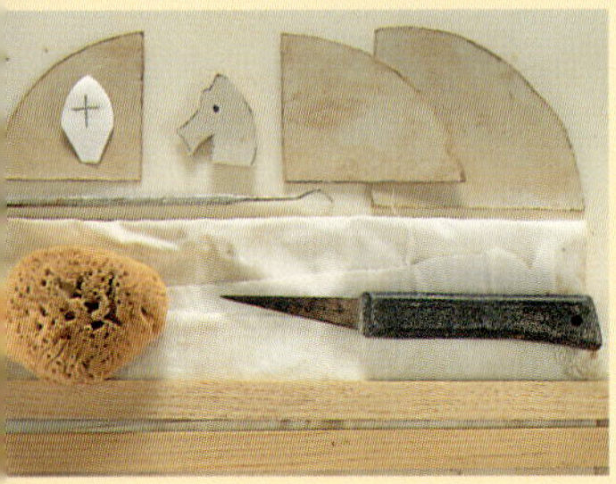

Leinen- oder Baumwollstoff

Holzleisten

Tonroller

leere Filmdose

Spielzeugrad

Naturschwamm

Töpfermesser

Schablonen für Schachfiguren

Zahnarztwerkzeug

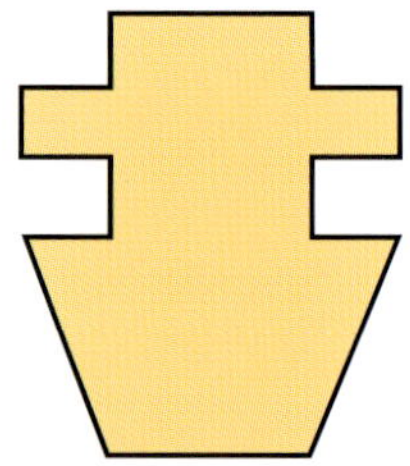

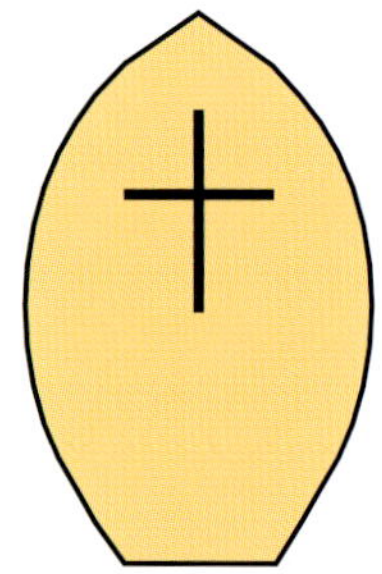

1 Für die Damesteine muss eine Tonplatte ausgerollt werden (siehe „Grundtechniken", S. 20 bis 27). Schneiden Sie die Figuren mit einer leeren Filmdose aus, deren Boden Sie zuvor sauber abgeschnitten haben – so können Sie den Ton vorsichtig durchstanzen.

2 Rollen Sie die Figuren über den Stoff, um die Kanten zu glätten. Mit einem kleinen Spielzeugrad wird nun ein Muster in die Scheiben graviert. Dabei muss der Stempel vorsichtig in den Ton gedrückt werden.

3 Das Spielzeugrad muss vorsichtig vom Ton abgezogen werden, damit ein sauberer Abdruck entsteht. In dieser Weise kann aus zwei verschieden gefärbten Tonsorten ein komplettes Damespiel gefertigt werden.

4 Für die Schachfiguren wird eine Tonplatte ausgerollt (siehe „Grundtechniken“, S. 20 bis 27). Fertigen Sie Pappschablonen für die Bauern, indem Sie die nebenstehenden Formen nachzeichnen und ausschneiden. Die Schablonen sind etwas größer als die Spielfelder, damit der Ton etwas überlappen kann. Schneiden Sie dann auch die Kopfschablonen aus.

5 Nun wird der Ton zu Kegeln zusammengerollt, die sich unten etwas überlappen.

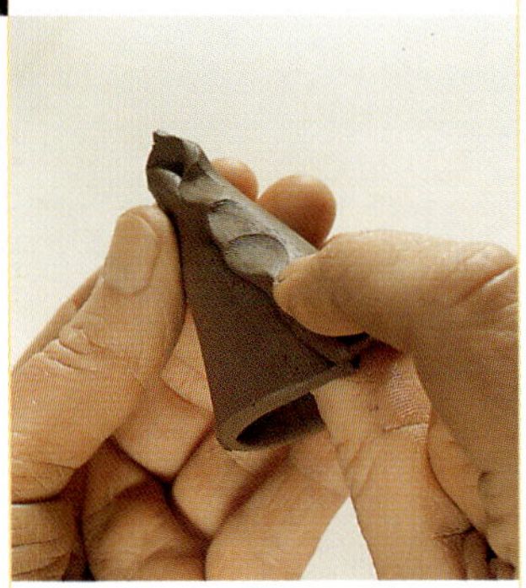

6 Halten Sie die Kegel jeweils mit einer Hand und drücken Sie mit Fingern und Daumen der anderen Hand die Fuge zusammen. Glätten Sie den Ton.

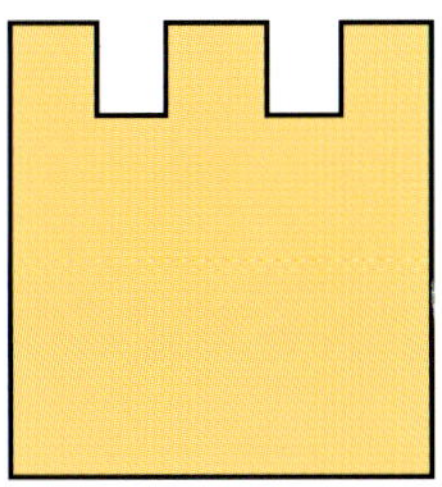

7 Die Kegel werden unten mit dem Messer gerade abgeschnitten, anschließend wird geprüft, ob sie gerade und fest stehen. Runden Sie die Kante mit einem Stück Stoff sauber ab.

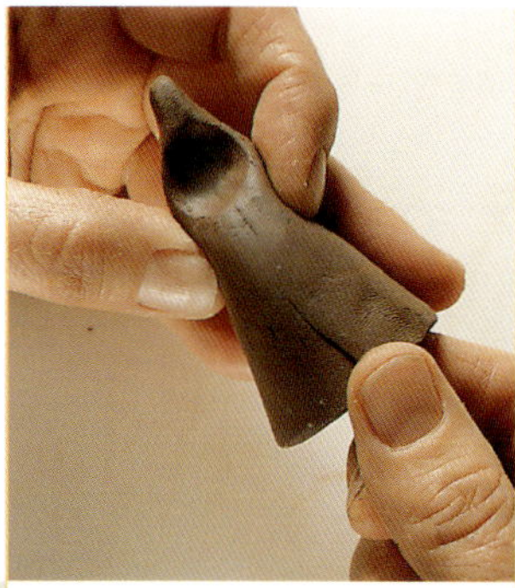

8 Pressen Sie mit Fingern und Daumen die Kegelspitze zu einem Kopf. Auch die Schultern sollten an den Seiten geformt werden – so wird die Spielfigur handlicher.

9 Nun werden die Pappschablonen für die Rümpfe und Köpfe der übrigen Spielfiguren angefertigt. Mit den Schablonen können dann die entsprechenden Tonstücke ausgeschnitten werden. Formen Sie die Rumpfteile wie in den Arbeitsschritten 5 bis 7 beschrieben zu Kegeln.

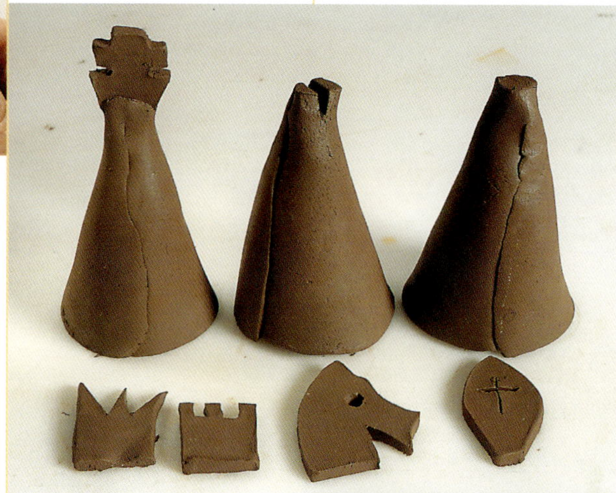

10 Schneiden Sie die Kegelrümpfe oben gerade ab und ritzen Sie diese etwas ein. In die Schlitze werden die Köpfe geschoben, danach wird der Ton wieder fest zusammengedrückt. Glätten Sie die Kanten vorsichtig mit einem Stück Stoff.

11 Fertigen Sie in dieser Weise ein ganzes Schachspiel aus zwei verschieden gefärbten Tonsorten. Vor dem Schrühbrand müssen die Figuren noch trocknen.

12 Die glasierten Schachfiguren sind ein individuelles und einzigartiges Kunstwerk.

Spiegelrahmen

Dieser hübsche Spiegelrahmen mit Strandmotiven ist eine stilvolle Bereicherung für jedes Badezimmer. Die Muster können Sie sehr einfach herstellen, wenn Sie im letzten Urlaub am Strand ein paar Muscheln und Seesterne gesammelt haben. Sie lassen sich aber auch mit anderen, passend strukturierten Gegenständen kopieren.

Werkzeuge & Zubehör

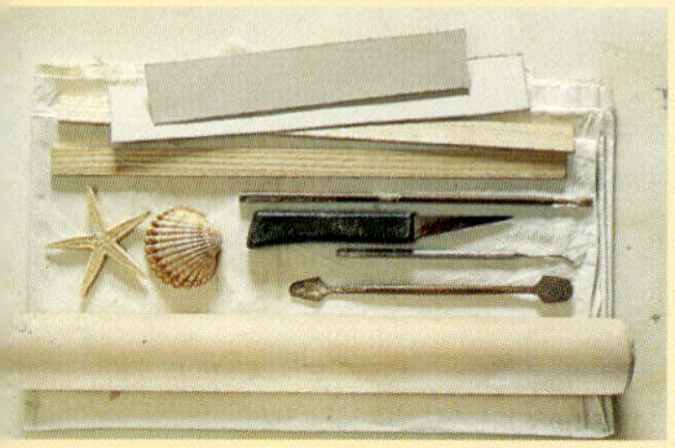

Baumwollstoff

Holzleisten

Tonroller

Töpfermesser

Zahnarztwerkzeug

gezahntes Modelliereisen

Pinsel

Muscheln und Seesterne

Pappschablonen

Naturschwamm

1 Fertigen Sie je eine Schablone in der Größe 3,5 × 25,0 cm und 3,5 × 19,0 cm. Rollen Sie eine Tonplatte aus (siehe „Grundtechniken", S. 20 bis 27), die nicht dicker als 0,5 cm sein darf, da sonst der Rahmen zu schwer wird und von der Wand fällt. Mit jeder Schablone werden je zwei Tonstreifen ausgeschnitten, sodass Sie zwei lange und zwei kurze Streifen erhalten.

2 Die Streifen werden leicht überstehend zu einem Rahmen zusammengelegt und angedrückt.

3 Legen Sie einen Seestern auf eine Tonplatte und schneiden Sie den Ton in der Form aus. Legen Sie den Seestern dann mit der Oberseite auf die ausgeschnittene Form, sodass Sie einen genauen Abdruck seiner Hautstruktur erhalten.

4 Nun wird auch der Ton für die Muschel ausgeschnitten und anschließend die echte Muschel auf den Ton gelegt. Mit den Fingern wird der Ton zu einer Muschelschale geformt.

5 Schneiden Sie einen dünnen Tonstreifen und drehen Sie ihn zu einer Spirale, die wie eine Meeresalge aussieht. Arrangieren Sie dieses Dekor auf dem Rahmen. Das gelingt unter Umständen besser, wenn zuvor eine kleine Skizze angefertigt wurde.

6 Die einzelnen Teile werden auf die Ecken des Rahmens gedrückt, wobei zuvor die Oberfläche mit einem gezahnten Modelliereisen aufgeraut werden sollte, damit die Figuren besser haften bleiben. Drücken Sie die Tonfiguren vorsichtig auf den Rahmen, sodass sie nicht verformt werden.

7 Die einzelnen Figuren sollten möglichst etwas überlappen, damit es natürlicher aussieht.

9 Malen Sie mit einem Zahnarztwerkzeug eine Seeanemone in eine Tonplatte.

8 Das Dekor wirkt ausgewogener, wenn Sie auch andere Ecken mit einem Seestern oder einer Muschel verzieren. Auch dort wird der Ton zunächst aufgeraut, sodass die Figuren besser haften bleiben.

10 Schneiden Sie die Blumenform aus und gravieren Sie ein Muster hinein. Diese Kringel wurden mit dem Stiel eines Japanpinsels erzeugt, doch Sie können auch einen beliebigen anderen Gegenstand verwenden.

11 Die fertigen Blumenmuster werden auf den Rahmen geklebt. Variieren Sie, indem Sie beispielsweise eine Muschel in verschiedene Richtungen zeigen lassen.

12 Zum Schluss werden auch noch die Seitenteile des Rahmens dekoriert.

13 Lassen Sie den Rahmen nun bis zum Schrühbrand trocknen.

14 Überziehen Sie den Rahmen mit Unterglasurfarbe, indem Sie diese ganz zart mit einem Schwamm aufdrucken. Die hier verwendeten Farben sind pastellfarbene Verdünnungen von Ockergelb, Korallenrot und Zitronengelb. Der Schwamm wird jeweils nur leicht in die Farbe eingetunkt. Ein solcher Schwammdruck verleiht den Formen eine wirkungsvolle Plastizität.

15 Die bandförmigen Algen werden mit einem Pinsel zart grün gestaltet. Vergessen Sie dabei auch die Unterseiten nicht, um den dreidimensionalen Effekt zu verstärken.

16 Mit zarten schwarzen Linien werden die Strukturen der Muschel hervorgehoben.

17 Folgen Sie dabei genau der Riffelstruktur der Muschelschale. Fassen Sie die Kanten leicht mit etwas blauer Farbe ein.

18 Der fertige Rahmen vor dem Glasieren.

19 Zum Aufhängen des Rahmens kleben Sie auf die Rückseite mit Fliesenzement ein Stück feste Pappe derselben Größe.

Drehen auf der
Töpferscheibe

Endlich können wir uns nun an die Scheibe wagen – schließlich fühlen sich viele erst dort als richtige Töpfer. Dabei bietet die Töpferscheibe eigentlich nur eine von vielen Techniken, den Ton zu formen. Den wenigsten Hobbytöpfern gelingt es sofort, den Ton auf der Scheibe richtig zu beherrschen und ihn beim Drehen in ein wohlgeformtes Gefäß zu verwandeln. Trotzdem bereitet es von Anfang an Spaß, es zu erlernen, und jeder Fortschritt bringt bereits ein echtes Erfolgserlebnis. Beim Drehen auf der Scheibe benötigen Sie viel Zeit und Geduld, bis Sie die richtige Technik beherrschen und mit den Ergebnissen zufrieden sein können.

Im Folgenden finden Sie sechs Grundformen von Gefäßen – eine Schale mit Fuß, einen Teller, eine Vase, eine Zuckerdose, eine Tasse und einen Krug. Sie werden in das Töpfern von Rund-, Flach- und Zylinderformen eingeführt und können lernen, wie der Fuß für eine Schale, der Rand, ein Deckel, ein Henkel und ein Ausguss gefertigt werden.

Schale

Beginnen wir das Drehen auf der Scheibe mit einer Schale. Schüsseln oder Schalen besitzen eine einfache, klassische Form und erfordern grundlegende Techniken des Zentrierens und Formens. So können Sie schon während des Lernens ein praktisches Gefäß töpfern! Die Schale wird mit einem Fuß optisch etwas erhöht. Die Dekoration erinnert an einen japanischen Kimono.

Werkzeuge & Zubehör

Modellierschlingen

Modellierhölzer

gezahntes Modelliereisen

kleiner Naturschwamm

Polierleder

Schneidedraht

1 Arbeiten Sie mit einem vorbereiteten, etwa 450 g schweren Tonklumpen (siehe S. 8 bis 19). Legen Sie den Ton genau auf die Mitte der Töpferscheibe. Anschließend wird er zu einem Kegel hochgezogen und wieder flach gedrückt. Dieser Vorgang wird wiederholt, bis der Ton richtig zentriert ist und keine Luftblasen mehr enthält (siehe S. 20 bis 27). Brechen Sie den Ton dann auf und öffnen Sie ihn zu einer Schale. Dabei werden die Finger einer Hand oben in den Klumpen gedrückt, von außen wird die Form mit der anderen Hand gestützt.

2 Ziehen Sie die Schalenwand vorsichtig nach oben und außen. Der meiste Druck sollte von innen her erfolgen, während die Hand außen die Form ruhig führt. Mit einem Schwamm erhält man am einfachsten eine glatte Oberfläche.

3 Nun muss der Schalenrand abgerundet werden. Dies geschieht durch leichten Druck zwischen Daumen und Zeigefinger einer Hand sowie Zeigefinger und Mittelfinger der anderen Hand. Mit dieser Technik verhindern Sie auch die Bildung von Luftblasen.

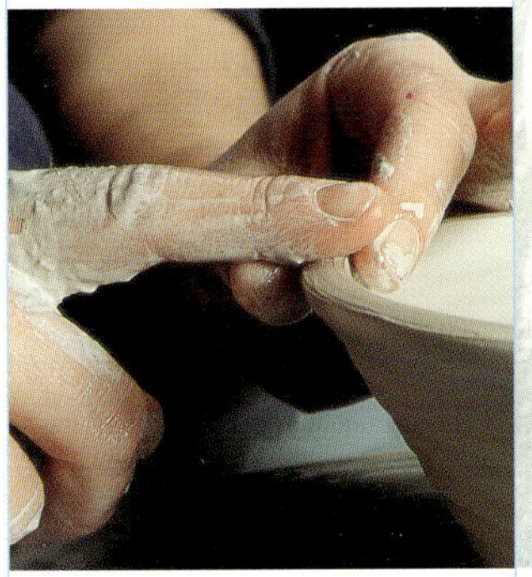

4 Flachen Sie den Rand nun ab, indem Sie von oben mit dem Zeigefinger und von den Seiten mit Zeigefinger und Daumen der anderen Hand vorsichtig drücken.

5 Der Rand wird mit einem Fingernagel hervorgehoben. Zwei Finger stabilisieren die Form von innen.

6 Entfernen Sie überschüssiges Wasser im Inneren der Schale mit einem Schwamm.

7 Nun wird die Schale mit einem Schneidedraht von der Scheibe gelöst. Befeuchten Sie die Scheibe etwas (nicht allzu sehr, da sonst die Schalenbasis rissig werden kann). Wenn Sie bereits kleinere Gefäße gedreht haben, wissen Sie, dass sich die gedrehten Stücke am besten mit beiden Händen von der Scheibe lösen lassen.

8 Schieben Sie die Schale von der Töpferscheibe, indem Sie die ersten beiden Finger beider Hände wie Scheren halten. Auf diese Weise wird vermieden, dass sich die Schale dabei verformt.

9 Nun muss der Ton lederhart antrocknen. Dann können Sie die Schale herumdrehen, um den Fuß anzusetzen.

10 Drehen Sie die Schale um und stellen Sie diese auf die Scheibe, um den Fuß anzusetzen. Zunächst wird die Schale jedoch mit drei kleinen Tonklumpen auf der Scheibe befestigt. Es gibt zwei Techniken, um ein Tongefäß mit einem Fuß zu versehen – durch Abdrehen oder durch Auflegen eines Tonwulstes. Wenn Sie lieber einen Tonwulst auflegen möchten, so können Sie bei Punkt 14 weiterarbeiten. Möchten Sie dagegen den Fuß abdrehen, ziehen Sie zunächst mit dem Fingernagel eine Linie, um den Fußdurchmesser zu kennzeichnen. Dabei muss die Hand ruhig gehalten werden, indem Sie diese mit der anderen Hand herunterdrücken.

11 Drehen Sie nun sorgfältig den überschüssigen Ton mit einer Modellierschlinge ab. Versuchen Sie niemals, mit dieser Technik die Schale von innen zu bearbeiten. Lassen Sie stets genügend Ton am Fuß des Gefäßes, damit eine harmonische Gesamtform entsteht.

12 Auch im Zentrum muss der überschüssige Ton abgedreht werden.

13 Bearbeiten Sie die Außenwand der Schale, bis Sie mit der Form zufrieden sind. Fahren Sie fort mit Schritt 19.

14 Wenn Sie einen Tonwulst für den Fuß auflegen möchten, muss die Schalenbasis zunächst in der gewünschten Form mit einem Abdrehwerkzeug korrigiert werden.

15 Anschließend wird der Boden dort, wo der Fuß angesetzt werden soll, mit einem gezahnten Modelliereisen aufgeraut.

16 Dann wird aus feuchtem Ton ein Wulst gerollt und dieser fest auf die Schale gedrückt.

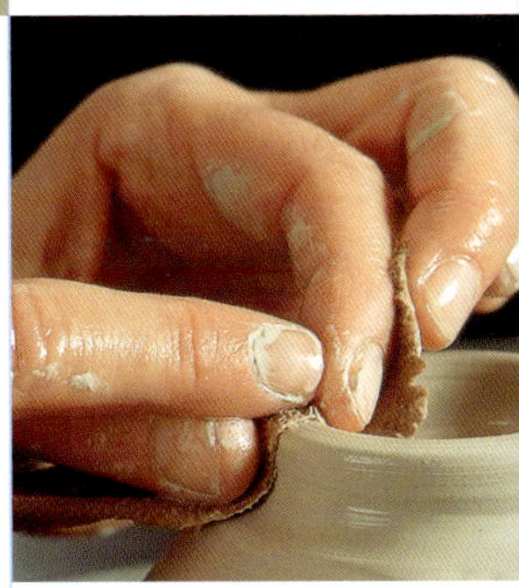

17 Formen Sie den Wulst nun mit den Fingern und glätten Sie den Ton mit einem Polierleder. Der Rand des Fußes wird abgeflacht, indem Sie vorsichtig mit Daumen und Zeigefinger einer Hand von den Seiten und mit dem Zeigefinger der anderen Hand von oben drücken.

18 Begradigen Sie das Schalenprofil mit dem Ende eines Modellierholzes.

19 Vor dem Schrühbrand muss die Schale trocknen.

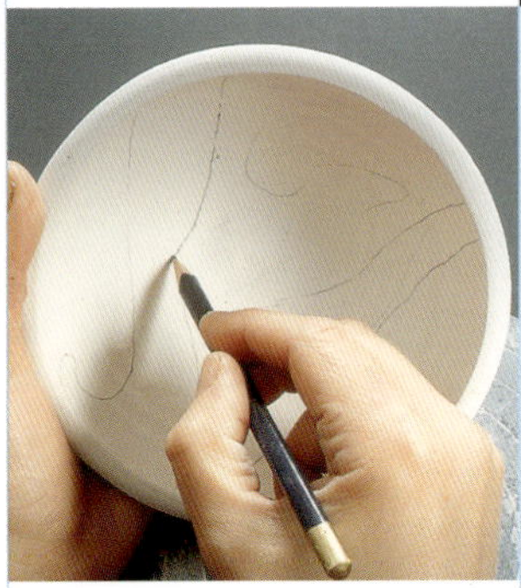

20 Nach dem Schrühbrand können Sie die Schale mit Unterglasurfarben bemalen. Zeichnen Sie die Umrisse des Dekors zunächst mit einem Bleistift – der Graphit wird im Ofen verbrennen. Es kann auch zunächst eine Papierskizze angefertigt werden. Vergessen Sie aber dabei nicht, dass auf einer gewölbten Fläche gearbeitet wird.

21 Beginnen Sie nun, das Muster auf die Innenseite der Schale zu malen. Bedenken Sie, dass sich die Farben beim Brennen verändern. Anschließend wird der Schalenrand bemalt.

22 Drehen Sie die Schale nun auf einer Ränderscheibe um und bemalen Sie die Außenwand. Auch hier sollten die Linien mit dem Bleistift vorgezeichnet werden, um eine Regelmäßigkeit zu gewährleisten. Arbeiten Sie mit einem dünnen Pinsel. Das korallenrote Zickzackmuster wird von ockergelben Linien begleitet. Zunächst werden alle Linien in einer Richtung gemalt, damit ein regelmäßiges Muster entsteht.

23 Die Schalenaußenwand vor dem Glasurbrand. Der Fuß bleibt als Kontrast zu dem farbigen Dekor unbemalt.

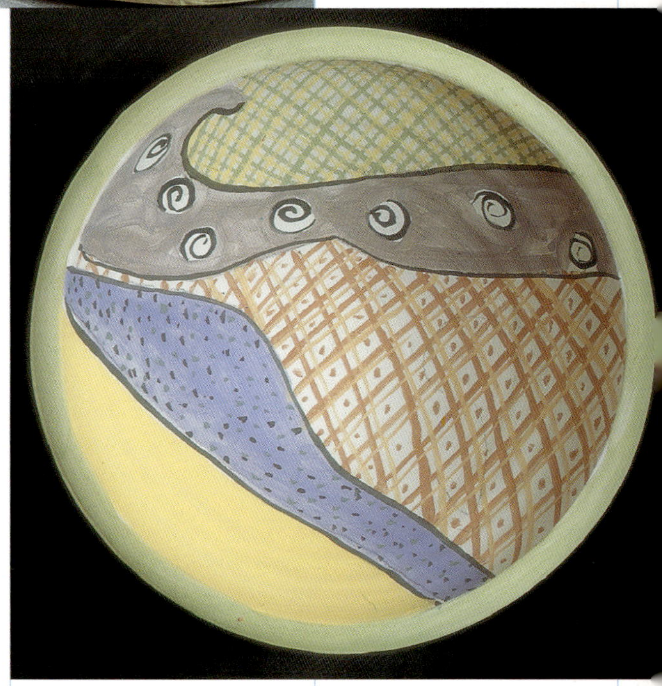

24 Das Innere der Schale vor dem Brennen.

25 Die Glasur verändert die Farben und macht sie leuchtender.

Teller

Wenn Sie diesen Teller töpfern möchten, sollten Sie eine große Holzplatte auf der Scheibe befestigen. Dies vergrößert nicht nur die Arbeitsfläche, sondern erleichtert zudem das Lösen des Tellers von der Scheibe. Das hübsche Fischdesign auf diesem Teller wurde mit Malhörnchen aufgespritzt. Sie können aber beispielsweise auch ein kalligraphisches Motiv auf den Teller „schreiben".

Werkzeuge & Zubehör

Holzplatte

kleiner Naturschwamm

Polierleder

Modellierholz

Schneidedraht

Poliereisen (oder alte Telefonkarte)

Malhörnchen mit Engoben (ockergelb und grün)

Schwamm am Stock

1 Zum Befestigen der Holzplatte auf der Scheibe formen Sie zunächst eine Tonkugel zu einem flachen Teller. Versehen Sie diesen mit den Fingern einer Hand mit Rillen. Dabei wird das Handgelenk mit der anderen Hand ruhig gehalten. Bei manchen Töpferscheiben kann eine solche Holzplatte auch mit speziellen Stiften befestigt werden.

2 Legen Sie die Holzplatte auf diesen Tonteller und drücken Sie die Platte gut fest. Das Holz muss an der Unterseite völlig trocken sein, sodass es auf dem Ton haftet. Auch die Arbeitsfläche muss sauber und trocken sein.

3 Legen Sie in die Mitte einen vorbereiteten, etwa 680 g schweren Tonklumpen (siehe „Grundtechniken", S. 20 bis 27).

4 Es ist wichtig, dass die große Bodenfläche des Tellers gleichmäßig dick geformt wird. Drücken Sie die Tellerform mit der Handfläche flach, indem Sie mit der anderen Hand das Handgelenk festhalten.

5 Halten Sie die Scheibe an und prüfen Sie die Stärke der Tonplatte mit einem Töpfermesser. Luftblasen, die sich beim Drehen derart großer Flächen häufig bilden, müssen geöffnet werden.

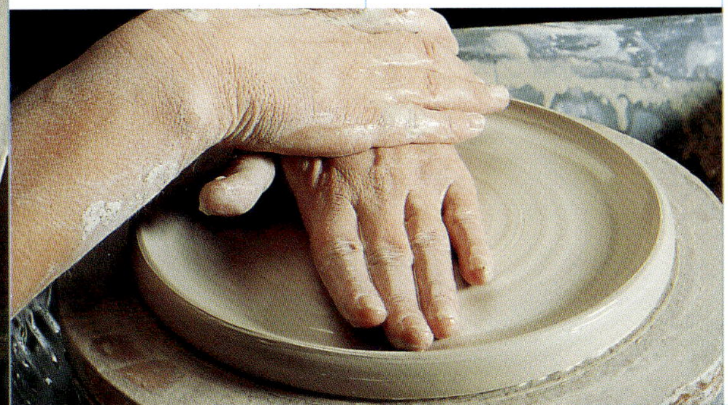

6 Der Rand wird mit den Fingerspitzen hochgedrückt. Auch hier sollte das Handgelenk festgehalten werden.

7 Drücken Sie den Rand so lange weiter, bis der Teller die gewünschte Größe erreicht hat.

8 Heben Sie den Tellerrand mit den Fingern von der Platte ab und formen Sie ihn zwischen den Fingerspitzen.

9 Die Tellerfläche wird mit einer alten Telefonkarte oder einem Poliereisen geglättet.

10 Sobald der Ton trocken ist, kann das Fischdekor mit gelber Ockerfarbe aufgemalt werden. Prüfen Sie, ob die Tülle des Malhörnchens ganz gefüllt ist und die Farbe die richtige Konsistenz besitzt, indem Sie auf einem Stück Pappe einen Probestrich ausführen. Die grünen Blätter der Wasserpflanzen wurden mit einem Schwamm am Stock gemalt. Nun ist der Teller fertig für den Schrühbrand.

11 Der Teller wird mit einer durchsichtigen Glasur fertig gestellt.

Vase

M*it dieser leuchtend gefärbten Vase können Sie das Drehen bauchiger Gefäße üben. Die dekorativen vertikalen Linien werden mit einem Modellierholz eingeritzt. Eine fertig gekaufte Pinselglasur erspart Ihnen die Mühe, die Glasur nach Rezept selbst herzustellen.*

Werkzeuge & Zubehör

Polierleder

Bambuswerkzeug

Modellierholz

Schneidedraht

kleiner Naturschwamm

Schwamm am Stock

1 Es wird mit einem vorbereiteten, etwa 340 g schweren Tonklumpen gearbeitet (siehe „Material und Ausrüstung", S. 8 bis 19). Legen Sie den Ton in die Mitte der Scheibe und ziehen Sie ihn mehrmals zu einem Kegel hoch, bis er richtig ausbalanciert und frei von Luftblasen ist (siehe „Grundtechniken", S. 20 bis 27).

2 Brechen Sie den Klumpen auf und formen Sie mit den Fingern den Gefäßboden aus. Dabei wird mit der anderen Hand das Handgelenk festgehalten.

3 Zwischen den ersten beiden Fingern einer Hand und dem Zeigefingerknöchel der anderen Hand wird die Wand zu einer Kegelform hochgezogen.

4 Ziehen Sie die Wand weiter hoch. Achten Sie darauf, dass sie überall gleichmäßig dick ist. Nur oben kann der Ton etwas dünner werden.

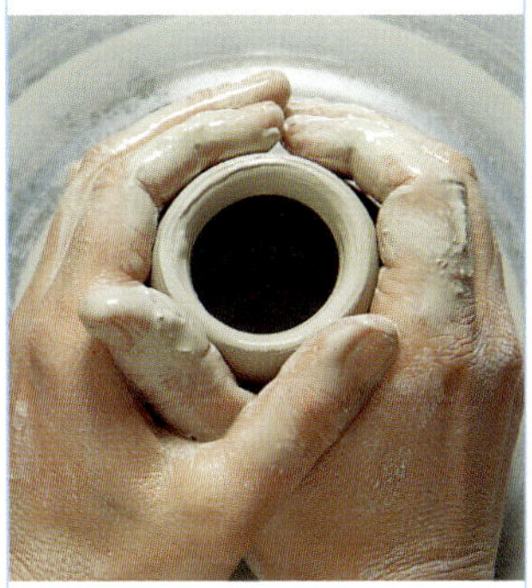

5 Formen Sie den engen „Flaschenhals", indem Sie den Ton vorsichtig zwischen beiden Händen führen.

6 Der Bauch wird von innen herausgedrückt. Stützen Sie die Form außen mit den Fingern der anderen Hand.

7 Setzen Sie den Rand mit einem Fingernagel ab. Halten Sie dabei den Zeigefinger senkrecht unter den Rand. Geglättet wird der Rand mit einem Polierleder, welches zwischen Daumen und Zeigefinger geführt wird.

8 Mit einem Bambuswerkzeug wird der überschüssige Ton von der Basis abgeschnitten. Arbeiten Sie dann in gleicher Weise das Profil der Vase sauber heraus.

9 Markieren Sie mit dem Fingernagel durch eine schwache Linie die Ansatzhöhe des Rillendekors. Dann werden um die Vase herum die vertikalen Rillen mit einem Modellierwerkzeug in den Ton geritzt. Arbeiten Sie dabei von unten nach oben bis zur markierten Linie und stützen Sie mit den Fingern der anderen Hand die Form von innen.

10 Jede Rille muss mit einem spitzen Modellierholz sauber herausgearbeitet werden.

11 Säubern Sie den Vasenrand und formen Sie ihn mit dem Stiel eines Modellierholzes fertig aus. Besonders dekorativ wirkt eine schlichte, breite Fläche, die zum Rillenmuster hin mit einem leicht vertieften Streifen abgesetzt wird. Formen Sie auch diese mit dem Stiel des Modellierholzes.

12 Das Wasser, welches sich im Vaseninneren angesammelt hat, wird mit dem Schwamm am Stock aufgesaugt. Säubern und trocknen Sie die Töpferscheibe. Erst dann darf die Vase mit dem Schneidedraht von der Scheibe gelöst werden. Sie wird mit trockenen Händen vorsichtig, aber kraftvoll abgehoben.

13 Der Ton muss vor dem Schrühbrand gut austrocknen.

14 Glasieren Sie die Vase mit einer fertigen Pinselglasur. Vor dem Öffnen muss die Flasche geschüttelt werden. Eine schlichte, einfarbige Glasur hebt die Vertikallinien wirkungsvoll hervor. Gießen Sie Glasur in die Vase und schwenken Sie diese. Zusätzlich sollte die Glasur im Inneren der Vase auch noch mit einem Pinsel verteilt werden. Gießen Sie überschüssige Glasur in den Glasurbehälter zurück.

15 Glasieren Sie die Vase außen mit dem Pinsel. Arbeiten Sie dabei auf der Töpferscheibe, die danach aber gut gereinigt werden muss. Erst wenn die Vase völlig trocken ist, darf sie angefasst werden.

16 Die glasierte Vase vor dem Brennen. Entfernen Sie Glasurreste von der Bodenplatte, sodass die Vase nicht im Ofen festklebt.

17 Diese Vase ist ein gutes Beispiel für die Wirkung einer farbigen Glasur.

Zucker**dose**

Hübsche Keramikdosen werden immer gebraucht. Diese Zuckerdose erhält einen gedrehten Deckel mit Griff. Die Dekoration wird mit einem geriffelten Holzstück eingraviert. Gemalte Zierlinien verbinden das Dekor der Dose mit dem des Deckels.

Werkzeuge & Zubehör

Abdrehholz mit Schnur

Greifzirkel

geriffeltes Holzstück

Poliereisen (oder alte Telefonkarte)

Polierleder

Scheidedraht

Abdreheisen

kleiner Naturschwamm

Ränderscheibe (oder drehbare Tortenplatte)

1 Für diese Arbeit wird ein etwa 450 g schwerer Tonklumpen benötigt (siehe „Material und Ausrüstung", S. 8 bis 19), der zunächst auf der Scheibe zentriert werden muss (siehe „Grundtechniken", S. 20 bis 27). Brechen Sie danach den Klumpen auf und formen Sie den Boden mit den Fingern, indem Sie das Handgelenk mit der anderen Hand festhalten. Ziehen Sie die Seitenwand unter Führung der Fingerspitzen hoch. Von innen wird dann der Bauch herausgedrückt, dabei muss der Ton mit der anderen Hand von außen gestützt werden.

2 Ziehen Sie die Wand weiter von der Basis aus hoch. Wenn die Dose die gewünschte Höhe hat, wird der innere Rand nach unten gedrückt, um eine Auflagefläche für den Deckel zu formen. Pressen Sie dabei sanft mit Daumen und Fingerspitzen einer Hand, während mit dem Zeigefinger der anderen Hand die Form von außen geführt wird.

3 Luftblasen werden mit einem spitzen Messer oder einer Nadel aufgestochen.

4 Formen Sie den Hals der Dose zwischen Daumen und Zeigefinger einer Hand. Drücken Sie dabei von außen mit dem Zeigefinger der anderen Hand. Geglättet und geformt wird der Topf außen mit einer alten Telefonkarte.

5 Mit einem geriffelten Holzstück wird oben eine Wellenlinie eingeritzt. Stützen Sie dabei die Dose von innen mit den Fingern der anderen Hand ab.

6 Messen Sie den Durchmesser der Dose mit dem Greifzirkel, sodass anschließend der Deckel in der richtigen Größe gefertigt werden kann.

7 Lassen Sie die Dose trocknen, bevor Sie mit dem Deckel beginnen.

8 Zum Anfertigen des Deckels benötigen Sie zunächst einen größeren Tonklumpen. Legen Sie diesen in die Mitte der Scheibe und ziehen Sie ihn zu einem Kegel hoch.

9 Formen Sie den Deckel, indem Sie die Kegelspitze mit dem Finger so eindrücken, dass innen eine Säule stehen bleibt. Gleichzeitig wird die Form mit der anderen Hand abgestützt.

10 Definieren Sie das Profil von Knauf und Deckel mit beiden Zeigefingern.

11 Mit dem Greifzirkel wird der Deckeldurchmesser gemessen, um zu prüfen, ob er genau auf die Dose passt. Gegebenenfalls muss die Größe durch Drücken nach innen oder außen korrigiert werden.

12 Ziehen Sie die Wand vom Tonklumpen her hoch. Dabei muss ständig mit dem Greifzirkel die Tiefe geprüft werden.

13 Mit einem Abdrehholz wird eine Linie in der gewünschten Tiefe markiert.

14 Entlang dieser Linie wird der Ton mit einer Schnur umwickelt.

15 Halten Sie bei langsam drehender Scheibe den Deckel zwischen den ersten beiden Fingern einer Hand und ziehen Sie die Schnur mit der anderen Hand. Dabei wird der Deckel langsam abgehoben. Er muss nun noch etwas antrocknen.

16 Legen Sie einen Wulst aus feuchtem Ton auf die Scheibe und den Deckel verkehrt herum darauf. Nun kann er mit dem Modelliereisen fertig ausgeformt werden.

17 Anschließend wird der Deckel von dem Ring gelöst, um ihn vor dem Schrühbrand zu trocknen.

18 Nach dem Schrühbrand kann die Zuckerdose dekoriert werden. Ziehen Sie verschiedene Linien mit Unterglasurfarben. Dabei hat es sich als günstig erwiesen, wenn auf der Ränderscheibe gearbeitet wird. Malen Sie die Fläche mit den Wellenlinien grün und rahmen Sie diese gelb ein. Besonders wirkungsvoll ist eine Dekoration aus nur zwei Farben.

19 Die gelben Bänder werden grün umrahmt.

20 Gestalten Sie den Deckel farblich passend zum Dekor. Malen Sie den Knauf grün.

21 Der innere Rand des Deckels wird mit Gelb hervorgehoben.

22 Der Deckelrand wird grün gestaltet.

23 Gestalten Sie den Dosenrand gelb. Schließen Sie die Dekoration ab, indem Sie weiter unten auf der Dose ein breites gelbes Band und darunter eine dünne grüne Linie aufmalen.

24 Vor dem Glasieren muss die Dose trocknen.

25 Glasieren Sie die Außenseite der Dose durch aufrechtes Tauchen in den Glasureimer. Halten Sie die Dose dabei mit den Fingern von innen fest und schütteln Sie sie anschließend etwas.

26 Die Innenseite wird glasiert, indem etwas Glasur in die Dose gefüllt wird. Gießen Sie den Überschuss wieder aus und schütteln Sie dabei vorsichtig die Tropfen ab.

27 Fingerabdrücke oder nicht glasierte Stellen werden mit dem Pinsel ausgebessert.

28 Glasieren Sie den Deckel.

29 Am Boden haftende Glasur muss entfernt werden, damit die Dose nicht im Ofen festklebt.

30 Diese traditionelle Zuckerdose kann auch einfach als dekorative Zierdose verwendet werden.

Tasse

***A**us einer selbst getöpferten Tasse schmecken Kaffee, Tee oder Kakao noch einmal so gut! Tassen sind aber ebenso nützliche Geschenke, die Sie ganz individuell gestalten können, um den jeweiligen Farbstil oder Geschmack eines Freundes zu treffen. Im folgenden Beispiel lernen Sie, wie ein Henkel getöpfert werden kann.*

Werkzeuge & Zubehör

Abdrehholz

gezahntes Modelliereisen

Poliereisen (oder alte Telefonkarte)

Schneidedraht

kleiner Naturschwamm

Polierleder

Tonstempel

1 Arbeiten Sie mit einem vorbereiteten, etwa 350 g schweren Tonklumpen (siehe S. 8 bis 19). Legen Sie ihn auf die Scheibe und ziehen Sie mehrmals einen Kegel hoch, bis der Ton richtig ausbalanciert ist (siehe S. 20 bis 27). Brechen Sie den Klumpen auf und öffnen Sie das Gefäß, indem Sie die Finger einer Hand von innen gegen die Wand drücken und gleichzeitig mit der anderen Hand die Form von außen führen. Drücken Sie den Ton an der Basis und ziehen Sie dann vorsichtig die Wand hoch (siehe S. 114 bis 119).

2 Definieren und glätten Sie den Rand vorsichtig mit Zeigefinger und Daumen einer Hand sowie zwischen Zeige- und Mittelfinger der anderen Hand. Der Fuß der Tasse wird geformt, indem überschüssiger Ton mit einem Abdrehholz entfernt wird. Er sollte relativ breit bleiben, damit die Tasse fest steht. Eine alte Telefonkarte eignet sich sehr gut zum Glätten der Oberfläche.

3 Nun wird der Ton mit Schwamm und Polierleder geglättet. Arbeiten Sie am Tassenrand besonders sorgfältig, weil er später mit dem Mund berührt wird. Der Rand darf auch nicht zu dick werden.

4 Ritzen Sie mit einem gezahnten Modelliereisen ein vertikales Muster in die Tasse. Dabei wird die Wand von innen abgestützt.

5 Sollte die Tasse dabei oben aus der Form geraten, muss dies vorsichtig mit den Fingern korrigiert werden.

6 Zum Ziehen eines Henkels wird ein gut durchgekneteter Tonklumpen zu einer dicken Wurst ausgerollt. Halten Sie diese am oberen Ende fest in einer Hand.

7 Feuchten Sie die andere Hand an und beginnen Sie, vorsichtig den Ton herunterzuziehen.

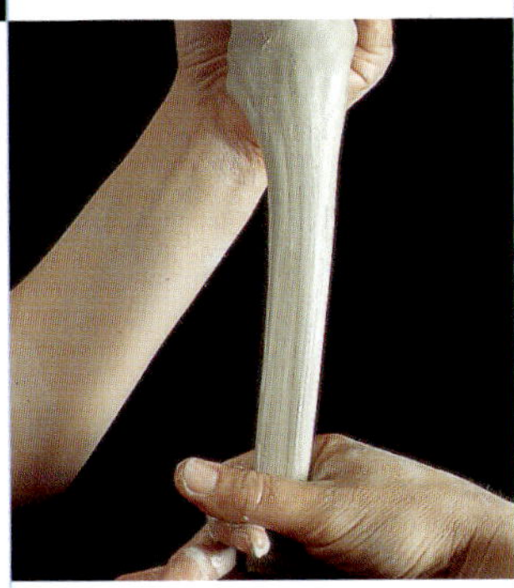

8 Der Henkel wird mit gleichmäßigen Bewegungen nach und nach länger und flacher geformt.

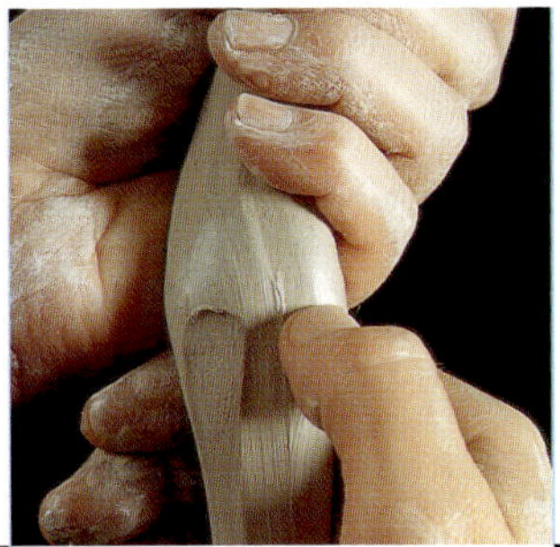

9 Mit dem Daumen werden zwei Rinnen in den Henkel gedrückt.

10 Sobald der Henkel die richtige Länge erreicht hat, schneiden Sie den Ton oben ab, indem Sie die ersten beiden Finger als Schere benutzen.

11 Nun wird der Henkel richtig ausgeformt. Anschließend muss er auf einem Holzbrett kurze Zeit antrocknen.

12 Rauen Sie die Tassenwand an den zum Anbringen des Henkels vorgesehenen Stellen etwas auf, damit dieser besser haften bleibt.

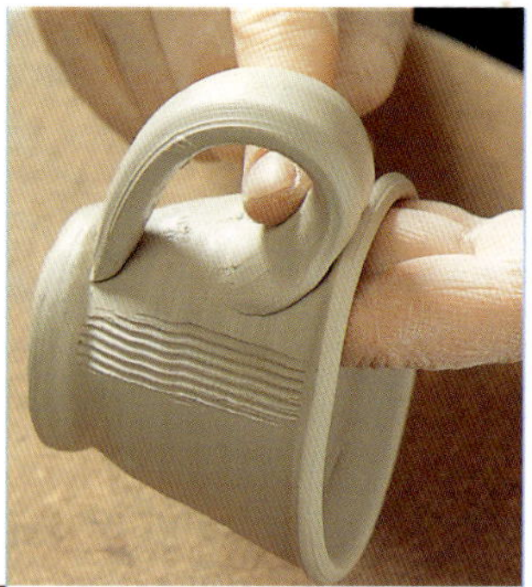

13 Mit angefeuchteten Fingern wird der Henkel an die richtige Stelle gepresst. Halten Sie die Tasse vorsichtig mit der anderen Hand. Die Fugen werden mit Daumen und Fingern geglättet.

14 Für das Stempelmuster wird eine kleine Tonkugel auf die Seite der Tasse geklebt.

15 Drücken Sie den Tonstempel in die Kugel. Dabei wird die Tasse notfalls von innen abgestützt.

16 Dieses Stempelmuster ist schlicht, aber sehr wirkungsvoll. Lassen Sie die Tasse nun vor dem Schrühbrand trocknen.

17 Nach dem Schrühbrand wird die Tasse mit blauer Farbe bemalt. Ein besonders gleichmäßiges Muster erhalten Sie, wenn dies auf einer Ränderscheibe geschieht. Ziehen Sie die Linien stets mit nur einem Strich. Dabei darf die Scheibe sich nicht zu schnell drehen. Vergessen Sie nicht, dass Kobaltblau beim Anstrich zunächst violett aussieht und erst nach dem Brennen die endgültige Farbe erhält.

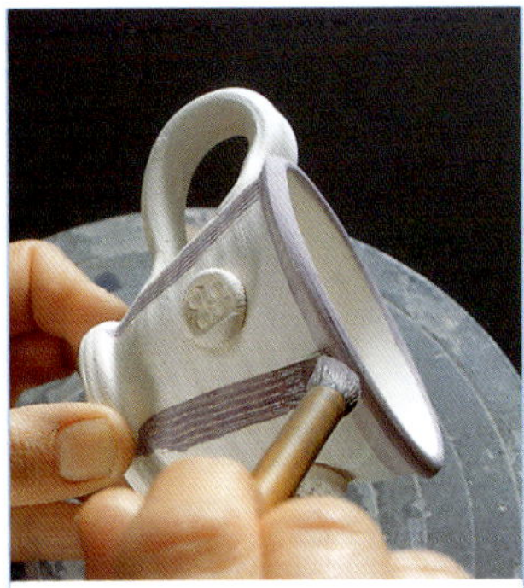

18 Passend zum Rand wird auch das vertikale Linienmuster blau gestaltet. Dabei wird der Pinsel in einem einzigen Aufwärtsstrich geführt.

20 Nach dem Glasieren und Brennen kann die Tasse sofort zum Trinken benutzt werden.

19 Bemalen Sie das Stempeldekor. Sie können den Fuß auch braun malen, um ihn besonders abzuheben. Dann wird die Tasse glasiert (siehe „Brennen und Glasieren“, S. 34 bis 43).

Krug

Dieser rustikale, bauchige Krug entsteht aus einer einfachen Zylinderform. Wichtig ist das sorgfältige Ausformen des Ausgusses, sodass er gut ausgießt. Der Henkel ist so angebracht, dass er die Form des Gefäßes ausbalanciert – denken Sie dabei an eine große Person, die ihre Hände in die Hüften stützt!

Werkzeuge & Zubehör

Abdrehholz

gezahntes Abdreheisen

Schneidedraht

Poliereisen (oder alte Telefonkarte)

kleiner Naturschwamm

Polierleder

1 Es wird mit einem vorbereiteten, etwa 900 g schweren Tonklumpen gearbeitet (siehe „Material und Ausrüstung", S. 8 bis 19). Legen Sie den Ton in die Mitte der Töpferscheibe und ziehen Sie mehrmals einen Kegel hoch, bis der Ton richtig ausbalanciert und frei von Luftblasen ist (siehe „Grundtechniken", S. 20 bis 27). Brechen Sie den Klumpen auf und beginnen Sie mit dem Formen der Bodenplatte.

2 Dann wird die Seitenwand hochgezogen, indem der Ton zylinderförmig von der Basis nach oben gedrückt wird. Die Außenwand wird dabei mit einem Schwamm geglättet.

3 Drücken Sie mit den Fingern von innen die bauchige Form aus, wobei der Ton von außen jeweils direkt unterhalb der Druckstelle gestützt wird. Auch hier außen wird mit einem Schwamm gearbeitet, um die Oberfläche glatt zu halten.

4 Mit einem Draht wird der Rand gerade geschnitten. Außerdem ist zu prüfen, ob Luftblasen enthalten sind. Ist der Rand nicht perfekt, muss noch etwas mehr abgeschnitten werden. Glätten Sie den Rand anschließend mit einem Polierleder.

5 Bearbeiten Sie den Krug nun noch mit einem Abdreheisen oder einer alten Telefonkarte. Definieren Sie das Profil von Hals und Bauch.

6 Für den Ausguss wird vorsichtig ein kleiner Teil des Randes mit Daumen und Zeigefinger etwas hochgezogen. Ist er erst einmal gleichmäßig ausgezogen, glätten Sie den Ausguss mit einem Polierleder.

7 Mit Daumen und Zeigefinger wird der Ausguss nach außen gedrückt. Dabei hilft von innen der Knöchel des anderen Zeigefingers etwas nach.

8 Entfernen Sie mit einem Abdrehholz überschüssigen Ton von der Basis, um einen festen Fuß zu erhalten.

9 Nun muss der Krug auf einem Holzbrett leicht antrocknen.

10 In der Zwischenzeit kann der Henkel geformt werden (siehe „Tasse“, S. 134 bis 137). Rauen Sie nun die Oberfläche an den entsprechenden, dem Ausguss gegenüberliegenden Stellen mit einem gezahnten Abdreheisen auf. Das untere Ende des Henkels sollte etwa auf halber Höhe des Kruges sitzen. Mit angefeuchteten Fingern wird das obere Ende des Henkels auf den Krug gedrückt, während er mit der anderen Hand festgehalten wird.

11 Drücken Sie den Henkel unten fest und verstreichen Sie die Fugen mit einem Schwamm.

12 Die beiden Ansatzstellen des Henkels werden mit den Fingern geglättet.

13 Vor dem Schrühbrand muss der Krug trocknen.

14 Zum Bemalen wird der Krug auf die Knie gestellt und innen mit einer Hand festgehalten. Wählen Sie ein Muster, welches die Form des Kruges betont – beispielsweise ein großes Blütenmotiv. Hier werden Blütenstände des Rittersporn in Kobaltblau aufgemalt. Jede Einzelblüte besteht aus mehreren Blütenblättern, die nach oben hin immer kleiner werden.

15 Stellen Sie den Krug zum Malen der Blätter auf den Kopf. Die Farbe kann aus verschiedenen Grüntönen gemischt werden. Gestalten Sie die Blätter und Stiele mit langen, abwärts gerichteten Strichen. Sie müssen mit den Blüten zusammenstoßen und die Blätter richtig an den Stielen sitzen.

16 Malen Sie nun Lupinenblüten zwischen den Rittersporn. Dafür wird etwas Dunkelrosa mit Kornblumenblau gemischt, um ein schönes Violett zu erzielen. Drücken Sie für die Blütenblätter den Pinsel längs auf den Ton. Es wird von oben nach unten gearbeitet, wobei die Blütenblätter immer kleiner werden sollten.

17 Stellen Sie den Krug auf eine Ränderscheibe und gestalten Sie den Rand in Kobaltblau. Zum Schluss wird die Basis mit einer blauen Linie betont.

18 Der dekorierte Krug ist nun fertig zum Glasieren.

19 Gießen Sie die Glasur in den Krug, schwenken Sie ihn und gießen Sie die überschüssige Glasur wieder aus. Dabei muss der Krug etwas gedreht werden. Die Tropfen werden abgeschüttelt.

20 Zuletzt wird der Krug vollständig in die Glasur getaucht.

Register

Dank

Die Autoren möchten folgenden Firmen und Personen danken:

Bath Potters' Supplies
2 Dorset Close
Bath
BA2 3RF
01225 337046

Potclays Limited
Brickkiln Lane
Etruria
Stoke-on-Trent
ST4 7BP
01782 219816

Richard Green, Tischler
Somerleaze Farm
Coal Lane
Hopsford
Somerset

John Melville für seine Hilfe und Geduld. Margaret MacEvoy für all ihre Hilfe und Ratschläge. Jenny Rawlings für ihre Hilfe und Ratschläge. Jo Norris für ihre Hilfe und Unterstützung. Andy Lloyd Wiliams für Hilfe und Ratschläge.

Wollen Sie **mehr können?**

In diesen Büchern lesen Sie, wie das geht, das Rahmen, Bildhauern, Arbeiten mit Holz, Dekorieren mit Farbe, die Möbelpflege und -restaurierung, der kreative Umgang mit Lehm und Ton und vieles andere Interessante. Alles wird schöner und alles kann man mit Hilfe vieler Abbildungen und leicht verständlicher Texte leicht und schnell selber machen.

D. O'Donoghue
WERKBUCH HOLZ
256 Seiten, zahlreiche Fotos und Zeichnnungen. ISBN 3-8001-7816-8

J. Broun
ARBEITEN MIT HOLZ
Werkzeuge, Techniken, Beispiele. 176 Seiten, 715 Farbabbildungen. ISBN 3-8001-7806-0

A. Jackson, D. Day
ALTE MÖBEL PFLEGEN UND RESTAURIEREN. *2. Auflage. 160 Seiten, 625 Farbgrafiken, 5 Farbfotos. ISBN 3-8001-7808-7*

A. Jackson, D. Day
ANTIQUITÄTEN PFLEGEN UND RESTAURIEREN
144 Seiten, zahlreiche Abbildungen. ISBN 3-8001-7814-1

R. Cunning
BILDER SELBST RAHMEN
176 Seiten, 495 Farbabbildungen. ISBN 3-8001-7807-9

J. Plowman
BILDHAUEREI
Techniken, Themen und Beispiele. 176 Seiten, 585 Farbabbildungen. ISBN 3-8001-7805-2

I. Florstedt, J. Horeni
PLASTISCHES GESTALTEN MIT LEHM UND TON
108 Seiten, 78 Farbfotos, 31 Zeichnungen. ISBN 3-8001-7810-9

S. Cavelle
DEKORIEREN MIT FARBE
Maltechniken für Wände und Möbel. 176 Seiten, 490 Farbabbildungen. ISBN 3-8001-7803-6